KB200494

피어오름

새로운 인생, 기적같이 피어오른 꽃봉오리

피어오름

굳이 가르치려 들지 않아도
강력한 깨달음이 주어지는 책

김종수 목사님은 하나님을 만난 이후의 삶이 어떻게 바뀌어지는지를 보여주는 샘플과 같습니다. 하나님을 부인하고 방황했던 그의 청소년기를 지나고, 극적으로 하나님을 만난 그의 삶은 그 자체가 감동과 교훈이 있습니다.

'이래야 한다', '저래야 한다', '이러면 안 된다', '저러면 안 된다'는 정언적인 가르침이 이 책에는 없었습니다. 전반적으로 생동감 있게 써내려간 김종수 목사님 자신의 솔직한 이야기와 고백들, 그리고 섬기는교회의 이야기들이 주를 이루고 있었을 뿐입니다. 그러다 보니 처음에는 그저 '김종수 목사님에게 이런 사연이 있었네.' '참 재미있게 읽히는구나.'라고 생각하며 읽어 나갔습니다.

신기하게도, 억지로 가르치려 들지 않음에도 불구하고 스토리 속에서 자연스럽게 감동을 얻을 수 있었고 그 감동 속에서 깨달음 또한 얻을 수 있었습니다. 무엇보다 스토리와 연결되어 이어지는 진솔한 고백은 그 어떤 명령보다 강력하게 다가왔습니다. '우리 하나님이 얼마나 위대하신 분인지'를 소개하고 '우리 하나님이 얼마나 사랑이 많으신지'를 소개하는 이야기들이 읽는 내내 저의 마음에 새로운 영적 깨우침으로 다가온 것입니다. 분명 김종수 목사님의 이야기인데, 그 안에는 독자인 저를 향한 하나님의 뜻도 읽혀졌습니다.

이 책에 나타난 김종수 목사님의 솔직한 이야기들과 고백, 그리고 섬기는교회가 걸어온 길속에 스며있는 하나님의 능력과 사랑이 아직도 생생하게 마음에 남아있습니다. 분명 이 책을 접하는 분들 역시 책을 덮고 나면 하나님의 살아 계심을 보다 강력하게 느낄 수 있으리라 믿어 의심치 않습니다.

무엇보다 이 시대를 향한 하나님의 거룩한 비전을 다시금 공유할 수 있어 뜻깊었습니다. 선교사역을 위해 하나님께서 섬기는교회를 어떻게 사용하고 계시는지, 이 위대한 사명을 위해 하나님이 김종수 목사님을 어떻게 훈련시켜 오셨는지가 이 책에 고스란히 나타나 있습니다. 그런 내용 하나하나가 한국 교회에는 새로운 도전과 희망을 전해 줄 거라 확신합니다.

2019년 9월
대전 중문교회 장경동 목사

하나님이 세워 가시는 건강한 교회,
그 안에서 새 희망을 발견하며…

제가 만난 김종수 목사님의 목회는 건강한 목회입니다. 그의 목회는 건강한 신학으로부터 출발합니다. 말씀 중심의 목회와 사람을 키우는 제자훈련, 그리고 복음주의적인 강해설교를 통해서 다져진 교회의 기초는 많은 시험을 통과하고 더욱 단단한 교회가 되게 해주었습니다.

이 책을 볼 때면 한껏 '건강'해지는 것을 느낍니다. 건강한 한국 교회의 한 모습을 보면서 저 역시도 영적으로 새 힘을 얻는 것만 같습니다. 하나님께서 섬기는교회를 건강한 교회로 세우시기 위해 지하실 개척 교회 때부터 어떻게 연단하시고 인도하셨는지가 이 책 안에 생생하게 펼쳐지고 있기 때문입니다.

우여곡절이 있어도 그것을 통해 한 단계 더 나은 영적 도약을 이루시는 하나님의 인도하심, 그리고 오로지 하나님의 방법대로 교회를 이끌어 나가시면서 영적 건강을 잃게 하지 않으시려는 하나님의 계획하심…. 그런 하나하나의 소중한 역사를 저는 이 책을 통해 다시금 확인할 수 있었습니다. 무엇보다 마지막 시대에 우리에게 주어진 절대 사명, '선교'에 최우선의 가치를 두기까지 하나님의 어떠한 거대한 계획이 있었는지도 지면을 통해 생생히 느낄 수 있었습니다.

또한 이 책을 볼 때면 새로운 '희망'을 느낍니다. 하나님이 살아 계신다는 것만으로도, 하나님이 이끌어 주신다는 것만으로도 우리 안에는 희망이 떠날 수 없음을 김종수 목사님과 섬기는교회의 이야기를 통해 다시금 실감해 봅니다.

솔직히 '하나님이 계시기에 우리에게는 언제나 희망이 있다.'는 것이 너무나 당연한 진리임을 알면서도, 때론 그 사실에 의심을 하는 게 우리의 현실입니다. 머리로는 믿고 이해한다고 하지만 마음에는 불안이 밀려오며 불신으로 이어질 때가 한두 번이 아닙니다. 그런 우리에게 이 책은 '하나님의 부르심이 있고 그 부르심에 대한 순종이 뒤따른다면, 하나님께서 전적으로 이끄시고 책임지신다.'는 절대 진리를 다시금 깨닫게 해 줍니다. 단순한 이론이나 지식이 아닌, 체험적인 증거로 말입니다.

이 책을 통해 영적으로 보다 더 건강해질 수 있어 행복했고, 혼란한 시대 가운데 하나님으로 인한 희망을 되찾을 수 있어 감사했습니다. 제가 느낀 은혜와 감동이 보다 많은 목회자와 성도들에게, 그리고 하나님을 아직 모르는 분들에게도 공유되기를 기대해 봅니다.

2019년 9월
총신대학교 이재서 총장

부르심의 신비와 감격을
내 안에서 다시금 재생하며

주의 종으로서 사역을 할 수 있다는 것, 큰 은혜가 아닐 수 없습니다. 그러나 사람인지라 부르심의 은혜가 얼마나 큰지, 종종 잊을 때가 있습니다. 그런 저에게 김종수 목사님의 책은 부르심의 감격을 새롭게 되찾게 해주었습니다.

아마 이 책을 접하는 목회자라면 그 은혜를 동일하게 나눌 수 있을 것이라고 예상합니다. 또한 목회자들뿐만 아니라, 하나님의 자녀라면 부르심의 은혜가 얼마나 위대한 것인지, 그리고 감사한 것인지를 보다 다시금 생생하게 느낄 수 있을 것이라 생각해 봅니다.

연약함과 부족함으로 힘들고 지쳐만 가던 목사님의 과거에 하나님이 부으신 은혜는 실로 엄청나고 놀라웠습니다. 그 안에서 이루어 가신 하나님의 역사는 그 하나하나가 전부 기적이었습니다. 그리고 그 은혜는 지금도 목사님의 삶과 사역에, 그리고 섬기는교회의 움직임 속에 끊임없이 부어지고 있습니다.

그만큼 이 책을 통해 살아 계신 하나님의 역사를 다시금 바라볼 수 있었고, 동시에 내 안에서 동일하게 역사하시는 하나님의 놀라운 은혜와 사랑을 강력하게 재생할 수 있었습니다. 부디 이 감격이 보다 많은 그리스도인에게 전해질 수 있기를 바랍니다.

뿐만 아니라, 아직 하나님을 모르는 사람들에게도 이 책이 인생의 터닝포인트를 제공할 계기가 될 수 있기를 기대해 봅니다. 분명, 동자승이라는 아주 특별했던 과거로부터 목사로 부르심 받는 전 과정은 믿지 않는 사람에게는 놀라운 도전이 될 것입니다. 더 나아가 예기치 못한 영적 임팩트를 전해줄 수 있을 것입니다. 부디 그들에게도 이 책을 통해 하나님의 특별한 은혜가 이어지기를 기도합니다. 선교의 사명에 대한 갈망으로 마무리되는 이 책이 그 자체로 선교의 도구가 되길 기대해 봅니다.

2019년 9월
세계로교회 손현보 목사

하나님 한 분만이 온전히 드러나는
한 권의 책을 읽고

김종수 목사님은 하나님을 사랑하는 분입니다. 하나님의 은혜에 빚진 마음으로 살아가는 그의 삶 중심에는 늘 하나님이 동행하고 계십니다. 그의 삶에는 하나님이 보입니다.

이 책을 읽고 덮은 후 느낀 것이 있었습니다.

'아, 역시 하나님!'

분명 김종수 목사님의 삶이 담겨 있는 이야기인데, 읽으면서도 좀처럼 목사님이 드러나지 않았습니다. 지하실에서 개척하여 세 번의 교회건축은 이 시대에 대단히 드문 하나님의 축복입니다. 맨손 맨땅에서 개척하여 교회를 사랑하고 교회를 세우기 위해서 온전히 헌신하는 개척교회 목사의 이야기는 많은 감동을 줍니다. 충분히 자기 자랑, 가족 자랑, 교회 자랑 등을 나눌 수 있었음에도 이 책에 사용된 스토리들은 오직 하나님을 드러나는 도구로만 쓰였다는 사실이 강하게 느껴질 수밖에 없었습니다. 인간의 부족함과 연약함을 가지고 일하시는 하나님의 역사만을 온전히 바라보게 해주는 책이라고나 할까요? 그러다 보니 어느 한 인물의 자서전, 혹은 한 교회의 역사를 다룬 도서가 아니라, 하나님의 능력과 사랑만을 소개하는 책으로서 마주할 수 있어 더없이 좋았습니다.

그 덕에 이 책을 읽는 동안 저 역시도 하나님과 더 친밀해져 가는 것을 경험했습니다. 하나님과의 첫사랑을 다시 떠올릴 수 있었고 언제 어느 순간에나 미약하기 그지없는 우리를 붙드시고 이끌어 주시는 은혜를 다시금 간구할 수 있었습니다. 이 책에서 김종수 목사님과 섬기는교회를 단 한순간도 저버리지 않으시고 이끌어 주셨던 과정들이 저에게도 새로운 영적 도전을 안겨주었던 것입니다.

이 책은 분명 우리에게 전해주고 있습니다. 책 안에 담긴 여러 이야기들과 그 가운데 나타난 하나님의 개입하심이 단지 한 목회자와 한 교회의 이야기가 아니라, 지금 이 순간에도 모든 교회와 하나님 자녀의 삶에 지속적으로 일어나고 있음을…. 그만큼 이 책은 하나님을 향한 믿음이 흔들리는 분들에게, 혹은 새로운 영적 쇄신의 기회를 갖고 싶어 하시는 분들에게 더없이 큰 도전을 안겨줄 수 있으리라 생각합니다.

2019년 9월
새에덴교회 소강석 목사

'피어오름'
그 생명의 신비를 느끼고 나누면서

'피어오르다'

겨울을 이겨낸 꽃봉오리가

새봄을 맞아 활짝 만개하려고 할 때 사용되는 단어입니다.

또한 새벽어둠 속 안개가 걷히고 아침이 밝아올 때

꽃들에게서 나타나는 현상을 표현하는 단어이기도 합니다.

어떻게 이런 현상이 저절로 일어날 수 있는 것일까요?

그 안에 '생명'이 있기 때문입니다.

'생명'이 있기 때문에

어둠 속에서도 꽃봉오리는 피어오를 준비를 할 수 있는 것입니다.

'생명'이 있기에

겨울의 혹독한 추위도 견디고 이겨낼 수 있는 것입니다.

닫혀있던 것을 열리게 하는 피어오름

눌려있던 것을 펼치게 하는 피어오름

막혀있던 것을 터지게 하는 피어오름

갇혀있던 것을 해방시키는 피어오름

그 '피어오름'은

분명

신비입니다.

'피어오름'의 신비는

제 인생에서도 고스란히 펼쳐지고 있었습니다.

과거에는 몰랐습니다.

닫혀있고 눌려있고 막혀있고 갇혀있기만 한 제 인생엔

더 이상 열림도, 펼침도, 터짐도, 해방도 없다고 생각했습니다.

하나님이 누구신지 모르니 희망이 무엇인지 알 턱이 없었습니다.

그러나 하나님은 제 안에 생명을 주셨고

'피어오름'의 신비가 서서히 펼쳐지도록 준비시켰습니다.

제가 하나님을 부정하는 그 순간에도

피어오름을 향한 하나님의 역사는 중단 없이 진행되고 있었습니다.

오랜 시간이 지나

피어오름의 신비가 제 눈앞에서도 펼쳐지기 시작했습니다.

생명의 희망이 보이지 않는 사막에서

기적같이 피어오른 꽃봉오리처럼

제 삶에서 하나님의 은혜가 넘치고 흐르는 것이

생생히 느껴지기 시작했습니다.

어둠에서 가난과 고난에서

밝음과 부요함과 영광으로 가득한

새로운 인생이 피어오르기 시작했습니다.

가장 고귀한 '피어오름'의 신비를 경험한 저에게

오늘도 하나님은 말씀하십니다.

예수님의 피로 산 생명으로 '피어오름'의 역사를 경험한 저에게

지금 이 순간에도 하나님은 명령하십니다.

아직 피어오르지 못한 인생에게

생명을 허락하시는 분을 소개하라고 말씀하십니다.

닫혀있고 눌려있어 괴로운 인생에게

하나님이 예비해 두신 희망을 전하라고 말씀하십니다.

그 사명을 위해 저는 다시 일어섭니다.

피어오름 가운데 얻은 새 힘으로 다시 나아갑니다.

제가 섬기고 있는 '섬기는교회'와 함께 오늘도 전진합니다.

이 책을 통해

우리에게 생명을 주시고

피어오름의 신비를 허락하시는

하나님을 느껴보시길 바랍니다.

연약하기 그지없었고 눌려만 있던 제 인생 속에 깃들어 있던

하나님의 역사하심을 함께 체험하시길 기대합니다.

'피어오름'의 신비를 우리 인생에 허락하시는 하나님께

모든 영광을 올려 드립니다.

2019년 9월

송산그린시티에서 **김종수** 목사

목차

Chapter 1

나는 그분을 버려도
그분은 나를
포기하지 않으신다

나는 그분을 버려도
그분은 나를 포기하지 않으신다

들어가기 전에 ─────────────────────

온 집안의 기대 속에 태어난 아이.
온 마을의 축하 속에 첫 울음을 터뜨린 아이.
그리고 어머니의 오랜 소원을 들어 드린 아이.

그 아이가 바로 나였다.
하지만 사랑받기에 마땅한 그 아이는
어느 순간부터 가족의 걱정거리가 되었고 짐이 되었다.
나부터가 나 자신을 그런 존재로 바라보았다.

그 시절,

나는 내가 싫었고 하나님은 더 싫었다.
하나님을 안다고는 하지만 하나님을 만난 적은 없었던 나는
하나님께 원망을 일삼으며 살았다.
하나님의 사랑을 부정하며 살았다.
그리고 나의 존재 자체를 원망하며 살았다.

몸은 쇠약해져 가고, 영혼은 더욱 메말라 가던
내 어린 시절의 이야기들….

하지만
나는 하나님을 대적했어도
하나님은 나에게서 단 한 번도 눈을 돌리지 않으셨다.
끝까지 나 한 사람이 돌아오길 애타게 기다려 주셨다.

하나님에게는
나를 향한 특별한 계획이 있었기 때문이다.
그리고
나를
그 무엇보다도, 그 누구보다도 사랑하셨기 때문이다.

교회는 늘 그렇게 거짓말을 했다

시계는 어느덧 정오를 가리키고 있다. 하지만 아직 끝날 줄은 모른다. 11시부터 시작한 예배…. 한 시간이 다 되어 가는데, 아직도 강단에선 설교가 한창이다.

대체 언제 이 예배가 끝날 것인가. 한 시간 동안 버티는 것만으로도 한계에 다다랐는데, 앞으로 몇 십 분을 어떻게 더 버틴단 말인가. 하는 수 없이 딴 생각이라도 하면서, 예배 끝날 때까지 버텨 보려 하지만 간간히 들리는 설교 내용 때문에 더 괴로울 뿐이다. 어쩌다 들리는 상투적인 설교 문구 몇 가지가 오늘따라 유난히 거슬린다.

"하나님은 여러분을 사랑하십니다."

이런 말도 안 되는 말을 설교라고 하고 있다. 마음 같아서는 손으로 귀를 막고 자리를 박차고 나가고 싶은 마음이 굴뚝같았지만 보는 눈이 있어 차마 그렇게 하지 못하고 한숨을 내쉬며 참았다. 그런데 뚫린 귀가 말썽이다. 방심하고 있던 사이, 몹시도 거슬리는 한마디가 또 다시 내 귀를 스치고 지나간다.

"하나님은 살아 계십니다."

역시나 어불성설이다. 그 자체로 모순인 그 말…. 하나님이 살아 계신다는, 그 말 같지도 않은 말이 오늘도 설교강단을 통해 전해진다.

늘 그렇게 교회는 거짓말을 해대곤 했다. 하나님이 나를 사랑하신다는 둥, 하나님이 살아 계신다는 둥, 예수님이 우리를 위해 십자가에 못 박혀

죽으셨다는 둥, 하나님이 지금도 우리를 위해 일하신다는 둥…. 도무지 동의할 수도 없고 납득할 수도 없는 거짓말들을 늘어놓을 때마다 나는 더없이 견디기 힘들었다.

아무 생각 없이 주문 외듯 사도신경을 읊다가도 '십자가에서 죽으시고 장사한 지 사흘 만에 살아나셨다'는 대목 앞에서는 입을 다물었다. 내 입으로 그 문장을 아뢴다는 것은 나 스스로 용납할 수 없는 일이었다. 그런데 주위를 돌아보면, 다른 이들은 아무렇지 않게 고백이랍시고 사도신경 전체를 읊어댄다. 과연 저들은 예수님이 우리를 위해 돌아가셨다는 말이 믿어지긴 한다는 건가?

노력을 안 한 것은 아니다. 나름 믿어 보려고도 온갖 노력을 다했다. 하루는 교회 전도사님을 찾아갔다. 어떻게 해서든 믿어 보고 싶어서 무작정 찾아간 것이다.

"전도사님, 하나님이 나를 사랑하신다는 것이 믿어지지 않는데요. 아니, 하나님이 살아 계신다는 것 자체가 안 믿어져요."

"예수님이 나를 위해 죽으셨다가 살아나셨다고 하는데 제 가슴에서 믿어지지 않는다고요."

솔직히 그 순간에는 위로라도 받고 싶었다. 답답한 내 마음을 그냥 그대로 보듬어만 주어도 뭔가 살 것 같았다. 그러나 들려오는 전도사님의 답변은 나를 더 비참하게 만들 뿐이었다.

"지식으로 이해하지 말고 그냥 '아멘!' 하고 믿어야지."

"의심하지 말고 무조건 믿으면 돼. 의심하는 것은 죄야."

결국 의심 많은 죄인 취급만 받은 채 그 자리를 나와야 했다. 혹 떼러 갔다고 혹을 붙이고 온 것 마음만 더 답답했다.

이제 더 이상은 돌아볼 것도 없다. 마음 따라 몸도 떠났다. 내 인생에 교회에 발을 붙이는 일은 더는 없으리라 다짐하며 서서히 교회와 이별을 고했다.

하나님이 나를 사랑하지 않는다는 첫 번째 증거

하나님을 향해 그 어떤 복을 바란 것도 아니다. 그저 남들처럼 평범하게라도 살고 싶었다. 그러나 나에겐 그런 '평범함'조차 허락되지 않았다.

"헤헤헤. 헤헤."

"으히히히히. 히히히히."

괴기스런 웃음소리가 온 동네를 가득 메우던 때가 있었다. 사람들은 저마다 수군대었다.

"안 됐어. 참 안 됐어. 어쩌다 저 지경이 되었을까."

"에휴. 어린 아들은 어쩌고…."

그 웃음소리의 주인공은 사람들의 수군거림에도 아무런 요동이 없다. 누가 뭐라든지 이상한 웃음소리를 내며 산이며, 들이며, 머리에 꽃을 꽂은 채로 동네 구석구석이며, 보이는 곳을 다 돌아다닌다.

그렇게 동네를 누비던 한 미친 여인…. 동네 사람들이 손가락질하던 그 여인은 다름 아닌 우리 어머니였다. 언제부터인지도 모른다. 내가 세 살이 되던 그해, 예고 없이 그런 순간이 찾아왔다.

물론 우리에게는 예고 없이 찾아온 비극이었지만, 그 비극이 있기까지는 영화나 소설에서나 있을 법한 사연이 우리 어머니에게 있었다.

전라남도 화순군 북면 평지리. 외갓집이 있는 동네다. 산으로 둘러싸인 외진 산골마을인 만큼, 언제나 한적하고 평화로웠던 게 그 마을이었다. 그만큼 동네사람들은 산이 보호해 주는 듯한 그런 아늑함 속에서 평온한 삶을 살아왔다. 그러나 새옹지마라는 말처럼, 그 아늑함이 때로는 화가 되었다. 6.25가 터지면서 요새와 같던 외가 동네는 공비들의 주요 공략지역이 되어 버렸다. 산으로 둘러싸인 그곳은 저녁이면 산에 숨어있던 공비들에게 음식을 대줄 만한 최적의 장소가 될 수 있었다. 그렇지 않아도 하루하루를 버티는 것도 힘든 판에 종종 찾아와 공포스런 협박을 통해 음식을 빼앗아 가니 그 고통은 어마어마했다. 그러나 본격적인 비극은 아직 시작도 하지 않았다.

어느 날 아침, 공비들이 음식을 빼앗아 가는 것을 참다못한 할아버지는 한마디 하셨다. 나름 작은 소리로 투덜대듯 불평을 내놓으신 것이다.

"그렇게 다 가져가면 우린 대체 뭘 먹으라고."

아무도 못 들을 줄 알았다. 그러나 듣지 말아야 할 소리는 더 잘 들리는 법! 공비들은 그 다음날 외할아버지 댁으로 몰려왔다. 그날은 왠지 음식을 빼앗아가기 위해서만 온 것 같지 않았다. 어제보다 더 많은 숫자에 중무장까지 한 채로 집에 들이닥쳤다. 형용할 수 없는 공포감에 소리를 지를 겨를도 없이 온 가족이 마당에 강제로 끌려나왔다.

외할아버지, 외할머니는 물론, 외할아버지의 형제들과 삼촌들까지 다 포함해 16명이 마당에 모였다. 도망갈 수도 없고 피할 수도 없었다. 그 상황에서 그분들이 할 수 있는 것이라곤 연신 터져 나오는 총탄에 몸을 내놓는 것뿐이었다. 총소리가 쉴 새 없이 터져 나오고 총구에서 불이 뿜어져 나왔다. 그리고 무방비 상태에 있던 외할아버지, 할머니, 삼촌, 할아버지의 형제들은 그 자리에서 전부 세상을 떠났다.

그때 유일하게 생명을 건진 사람이 외삼촌이다. 그 끔찍한 살육의 현장을 벗어난 외삼촌을 달리고 또 달렸다. 10km나 되는 그 길을 조금의 쉴 겨를도 숨이 목에 차오르고 심장이 터질 것 같은 상황에도 달렸다. 그렇게 다다른 곳이 누나의 집, 곧 우리 집이다.

어머니는 만신창이가 된 외삼촌의 모습에 한 번 놀랐고 외삼촌으로부터 들은 참혹한 소식에 정신을 잃었다. 하지만 눈물을 흘리며 슬퍼할 겨를조차 없었다. 경찰들은 어떻게 알고 우리 집에까지 찾아왔다. 삼촌이 산을 넘어 누군가의 집으로 가는 것이 의심스러웠는지, 마을의 누군가 신고를 한 것이다.

한순간 삼촌이 빨갱이의 첩자로 찍혀 그대로 연행되었다. 빨갱이들에게 피해를 입은 사람이 오히려 빨갱이로 몰리는 말도 안 되는 상황이 우리 집 마당에서 그대로 펼쳐졌다. 이것은 영화 스토리가 아니라, 그 옛날 우리 집에서 펼쳐진 실화였다. 이후, 경찰에 연행된 외삼촌은 고문을 당하며 인간으로서의 삶은 더 이상 누리지 못하셨다. 지금처럼 인권이 보장되지 않았던 그 시절, 고문은 우리가 상상하는 것 그 이상이었다. 극심한 고문 속에서 죽어가는 동생을 위해 누나였던 어머니는 무엇이든 해야 했다. 하지만 동생을 구하기 위해 할 수 있는 게 아무것도 없다는 것, 그것이 어머니에게는 더 큰 아픔이었다. 눈물을 흘리며 경찰서 밖에서 무죄를 호소해 본다고 한들, 아무 소용이 없었다.

몇 달 후에 기적적으로 풀려났지만 외삼촌의 몸은 더 이상 제 기능을 할 수 없었다. 한 순간에 친정 식구를 모두 잃고 그나마 살아남은 남동생마저도 고통을 겪는 것을 보며 어머니는 어느 순간 정신 줄을 놓아버리셨다. 그렇게 한 차례 비극을 치르고 난 후, 진정이 되기도 전에 어머니 개인에게 또 다른 비극이 예고 없이 찾아온 것이다.

물론 사람에게 그런 불행한 일이 찾아올 수 있다. 충분히 그럴 수 있다. 하지만 적어도 우리 어머니에게는 그런 일이 있어서는 안 되는 것이었다. 적어도 하나님이 존재한다면, 하나님이 살아 계시다면, 그런 일이 있을 수는 없는 것이었다.

22년간 한 맺힌 세월을 보내다 이제 조금이나마 기를 펴게 되었는데…. 남은 세월이 행복으로만 가득차도 모자랄 판에 그런 불행이 또 찾아오다니…. 그건 하나님이 존재하는 한, 있을 수 없는 일이었다. 적어도 22년간 어머니가 겪었던 나날들을 속속들이 아시는 하나님이라면 그래서는 안 되는 것이었다.

'4대째 종갓집 맏며느리.'

이것이 바로 열일곱에 시집온 어머니에게 주어졌던 무거운 타이틀이었다. 이보다 부담스러운 직책이 또 있을까. 그냥 맏며느리도 아니고 종갓집 맏며느리라니…. 그것도 모자라, 2대째, 3대째도 아닌 4대째 맏며느리라니…. 부담스러울 만치 가혹한 그 자리에 어린 소녀가 시집을 온 것이다.

맏며느리 앞에 붙은 '4대째 종갓집'이라는 수식어가 버겁게 느껴지는 이유는 '대를 이어야 하기 때문'이다. 반드시 아들을 낳아 대를 이어 가문을 존속시켜야 하는 것이다. 딸의 출산은 대를 잇는 것이 아니므로 의미가 없다. 그 시절엔 그랬다. 그게 당연한 줄로만 알았고 그 누구도 이의를 제기하지 않았다.

그렇게 '아들 출산'이라는 4대째 종갓집의 염원이 어머니의 작은 두 어깨에 지워지게 되었다. 이 말인즉슨, 만약 아들을 낳지 못한다면 그 책임은 어머니에게 고스란히 돌아간다는 뜻이다. 곧 그 순간부터 어머니는 4대째 종갓집 며느리로서의 본분을 제대로 이행하지 못한 것이 된다.

그러나 아들을 낳아야 하는 '4대째 종갓집 맏며느리'로서의 책임이 무색하게 어머니는 첫째부터 딸을 낳으셨다. 한 생명이 태어난, 그 고귀하고 고귀한 날에 어머니와 아기는 그 누구에게도 축복을 받지 못했다. 비난의 화살받이 신세가 되어야 했다.

그래도 기회는 많았다. 어리지 않은가. 어리니 또 낳으면 되었다. 가족들 입장에서는 다음 기회를 노리면 되는 것이었다. 어린 어머니는 그저 대를 잇는 도구에 불과했으니, 어머니의 의지가 어떠하든, 어머니의 몸 상태가 어떠하든 그냥 무조건 낳으라고 하면 되는 것이었다.

다시 아이를 가진 어머니는 온 집안의 기대 속에 다시 출산을 했고 또 다시 딸을 낳았다. 그 다음에도, 그 다음다음에도, 그 다음다음다음에도…. 그리고 그 이후로도 두 번이나 더 딸을 낳았다.

총 일곱 번 연속으로 딸만 낳으신 어머니. 그런 어머니는 살아도 사는 것이 아닌 인생을 사셔야 했다. 그 기간이 도합 22년이었다. 어머니는 그렇게 22년 동안 눈칫밥을 먹으며 지냈다. 아무런 잘못을 한 것도 없는데 비난을 받아야 했고 눈치를 봐야 했고 움츠려 있어야 했다.

그러나 그런 어머니에게도 웃을 날이 찾아왔다. 결혼한 후 처음으로 웃은 그날…. 그날은 바로 내가 태어난 날이었다. 아들인 내가 태어난 그 순간, 어머니는 처음으로 당당하게 웃음 지을 권리가 부여되었다.

하지만 맘껏 웃어야 할 그날, 어머니의 눈에는 눈물이 흘렀다. 22년간의 한이 스며들어 있는 그 눈물이 하염없이 흘러내렸다. 회한의 눈물을 따 쏟아내신 후에야, 어머니는 마음껏 웃으셨다. 이제는 누구의 눈치도 보지 않은 채 웃으셔도 되었다. 그리고 아들을 안고 그렇게 환하게 웃으시던 어머니는, 3년이 채 되지 않은 어느 날에…. 미치광이가 되어 더 크게 웃기 시작하셨다. 이제 좀 행복해질 날이 찾아왔는데…. 당당하게 웃으며 살 수 있게 되었는데…. 나를 낳으신 지 3년이란 세월이 채워지지도 않은 그때, 그렇게 미치광이가 되어 버리신 것이다. 친정식구의 몰살 앞에 마음껏 슬퍼할 겨를도 없이, 어머니조차 비운의 중심에 서게 된 것이다.

그러니 어떻게 내가 하나님을 믿을 수 있겠는가? 적어도 하나님은 그러시면 안 되는 것이었다. 진짜 살아 계시다면, 우리를 사랑하신다면 그러실 수는 없는 것이었다. 이것이 내가 하나님을 믿을 수 없는 이유이자, 하나님이 우리를 사랑하지 않는다는 증거였다.

하나님이 나를 사랑하지 않는다는 두 번째 증거

어머니가 미치자 온 집안은 뒤집어졌다. 어머니의 안위를 걱정해서가 아니다. 어머니의 건강이 염려되어서도 아니다. 사실 종갓집 맏며느리인 어머니에게는 아들을 낳는 것만이 아니라, 제사 준비를 해야 하는 책임이 있었다. 곧 집안에서 어머니는 그저 도구일 뿐이었다. 아들을 낳아 대를 잇는 도구, 그리고 제사 준비를 해야 할 도구…. 어머니는 가문의 대를 잇고 조상에게 제사를 지내기 위해 존재하는 도구, 그 이상도, 그 이하도 아니었다. 심지어 매달마다 제사가 있었으니, 어머니는 제사 준비로 혹사하시는 게 일상이었다.

그런 어머니가 이 지경에 놓이자, 집안에서는 난리가 났다. 제사 준비를 전적으로 감당해야 할 맏며느리가 그렇게 돌아다니고 있으니 야단이 난 것이다. 사람들은 어머니가 이렇게 될 수밖에 없었던 비극적인 배경에는 관심이 없었다. 어머니의 아픔보다 어머니가 감당해야 할 의무에만 집중할 뿐이었다.

아버지는 갑작스레 정신이 이상해진 부인을 위해서 온갖 방법을 다 동원하셨다. 병원에 다니며 서양의학에도 의존해 보았고 한약방에서 보약을 짓는 등 동양의학에도 의존해 보았다. 무당을 데려다가 굿까지 할 정도로 온갖 방법을 다 동원을 했다. 하지만 변화가 있을 리 만무했다.

급기야 이사까지 다니기 시작했다. 어머니가 정신병에 걸린 것이 집터에 귀신이 역사하기 때문이라는 이유에서였다. 아마도 태어났던 집을 떠나 마을 중앙에 있는 집으로 이사 가면 뭐가 달라질 거라 생각하셨던 것 같다.

사실 자기가 태어난 집에서 평생을 살고 그 집에서 눈을 감는 것, 그것이 시골 사람들의 로망이자 일상이었다. 정말 특별한 경우가 아니고서는 대부분 그렇게 살아간다. 새 집을 짓는다고 해도, 새로운 곳을 찾지 않는다. 자신의 집터에 새 집을 짓는 경우가 대부분이다. 그런데 우리는 시골에 살았지만 여느 집과는 달랐다. 한 마을 안에서만 이사를 무려 다섯 번이나 다녔다.

물론 이사를 했다고 해서 엄마의 상태가 좋아질 리는 없었다. 결국 원래 살던 곳으로 이사를 왔지만 어머니는 여전했다. 그 이후로도 집안에 어려운 일이 닥치면 이사를 다녔고 그렇게 해서 돌아다닌 것이 총 다섯 번이나 되었다.

'왜 우리만 이렇게 이사를 해야 하지?'

'왜 우리만 남들처럼 한곳에서 정착하지 못하지?'

요즘 시대 같으면 새로운 집을 구해 이사를 하는 것이 나름 기대 넘치는 일일지 모르나, 그때는 그저 원망스러운 일일 뿐이었다. 시골 살림살이다 보니 이삿짐을 쌀 것도 얼마 없었지만, 그때는 그조차도 지겨웠다. 이삿짐을 쌀 때는 물론, 이삿짐을 나를 때도 더없이 서글펐다.

'하나님이 계시다면, 어찌 이런 일이 생길 수 있는 것일까?'

'왜 우리 집안에서만 이렇게 어려운 일이 반복되는 것일까?'

이사가 서러웠던 또 다른 이유는, 이사를 다닐 때마다 집안의 가세가 더 기울어졌기 때문이었다. 더 이상 기울어질 것 없을 거라 생각했는데, 기울어질 것이 더 남아있다는 걸 아는 순간 나 자신은 집안이 기울어지는 것만큼이나 무너질 수밖에 없었다.

하나님이 계시는 한, 이런 일을 있을 수 없었다. 이것이 하나님이 나를 사랑하지 않는다는 두 번째 증거였다.

하나님이 나를 사랑하지 않는다는 세 번째 증거

어머니는 산과 들을 돌아다니시는 동안에도 아주 가끔씩은 정신을 차리곤 하셨다. 물론 그런 순간은 예고 없이 찾아오곤 했다. 갑자기 제정신이 돌아올 때, 어머니에게 가장 먼저 떠오르는 생각은 단연 나에 대한 걱정이었다.

'내 아들 종수, 우리 집 장남 종수를 내가 어떻게 낳았는데….'

'이러면 안 되는데. 아들 종수가 초등학교 다닐 때까지 만이라도 내가 잘 키워야 할 텐데. 그때까지라도 내가 살아있어야 하는데….'

그러던 어느 날, 어머니는 들과 산을 한참 돌아다니다가 갑자기 영음을 들으셨다.

"네가 아들 종수를 살리려거든 교회를 가거라."

지금 문제를 안고 있는 사람은 어머니다. 회복되어도 어머니가 회복되어야 하는 상황이다. 그런데 어머니에게 들린 소리는 '네가 살리면'이 아니라, '네 아들 종수를 살리려면'이었다. 거기에 교회라니…. 단 한 번도 생각조차 해 본 적도 없었던 교회에 가라니….

당황스럽고 당혹스러운 그 소리를 듣고 온 어머니는 그날로 교회로 발걸음을 향하셨다. 아들을 살릴 수 있다는데, 더 이상 망설일 이유가 어디 있단 말인가. 당장 아들이 아픈 것도, 문제를 안고 있는 것도 아니다. 아들이 생사의 기로에 놓인 것도 아닌데, 아들을 살리려면 교회에 가야 한다며 교회를 열심히 다니기 시작하셨다. 그만큼 어머니는 아들에 대한 애착이 강하셨다.

어머니가 교회로 향하시고 난 이후, 집안은 발칵 뒤집어졌다. 온 집안이 혼돈에 휩싸였다. 이전까지 보였던 정신 이상은 아무 문젯거리도 되지 않았다. 가족들 입장에서는 교회에 간 것이야말로 제대로 미친 행위라고 판단되었던 것이다. 특히 아버지가 받은 충격은 상상을 초월했다.

"네가 미치더니 이제 정말 미쳤구나! 어떻게 종갓집 며느리가 교회를 간단 말이냐!"

그 시대에는 그랬다. 제사에 어마어마한 가치를 두었던 종갓집의 맏며느리가 제사를 부정하는 교회에 다닌다는 것은 있어서도 안 되는 일이요, 있을 수도 없는 일이었다. 앞서도 언급했던 종갓집 맏며느리의 2대 의무는 아들을 낳는 것과 제사를 잘 모시는 것이 아닌가. 그런데 그 핵심 의무 중하나를 포기하게 되었으니, 아버지 입장에서는 하늘이 무너져 내리는 듯한 기분일 수밖에 없었던 것이다.

아버지는 어머니의 머리를 자르셨다. 성경책도 태우셨다. 물론 어머니는 눈 하나 깜짝하지 않으셨다. 교회에 다녀오는 어머니에게 물을 부어대도 끄덕하지 않으셨다. 핍박은 점점 더 거세어져 갔고 친척들도 이 위기 상황 앞에서 어찌할 바 몰라 했다.

하루는 온 친척들이 우리 집에 다 모였다. 사촌 할머니께서는 덥석 어머니의 손을 잡으셨다. 일단 좋게 타이르셔야겠다고 생각하신 모양이다.

"자네, 가세가 기울어 제사 지내기 힘들면 우리가 십시일반 도울게. 그러니 교회 다닌다는 말만은 하지 말게."

아버지의 채찍으로도 흔들리지 않던 어머니가 친척들의 당근으로 넘어갈 리가 없었다. 어머니는 단호하셨다. 신앙심이 뜨겁거나 투철해서가 아니었다. 나를 살리기 위해서였다. 교회에 가야 내가 사니까…. 어머니는 그 자리에서 분명하게 선언하셨다.

"내가 살려는 것이 아닙니다. 내 아들 종수 살리려고 합니다."

어머니는 그런 핍박과 회유를 모두 뒤로한 채, 꿋꿋이 교회에 나가셨다. 요즘처럼 동네 안에 교회가 여러 곳 있는 것도 아니었다. 내가 살던 마을에는 교회 자체가 없었다. 어머니는 고속도로를 가로질러 저 멀리 떨어진 곳에 있는 다른 마을의 교회까지 걸어서 힘겹게 가서야 했다. 물론 걸어서….

주일은 물론 매일 새벽예배까지 빠짐없이 참석하시기 시작하셨다. 그 모든 게 오직 아들을 살리기 위해서였다.

내가 처음 교회를 알게 된 것도 이때부터다. 어머니가 집안의 핍박을 무릅쓰고 교회를 다니게 된 후로, 나도 자연스럽게 교회에 발을 디디게 된 것이다.

그러나 오히려 교회를 다니기 시작한 이후로 이상한 일이 벌어졌다. 어머니는 회복이 되었는데 내가 아프기 시작했다. 분명 교회에 나가야 내가 산다고 했는데, 오히려 교회에 다닌 이후로 내가 심하게 앓기 시작했다. 그리고 그 병은 오래갔다. 단순한 감기도, 열병도 아니었다. 학교보다 병원에 있어야 할 날이 더 길어야 할 만큼, 오랫동안 병상에 있어야 했다. 하나님을 믿은 결과가 그렇게 비참했다. 나에게 하나님은 병을 안겨주는, 그런 분이었다.

1년 중 절반 이상을 병원에서 지내야 할 신세가 되면서 몸은 심하게 말라갔다. 매일 비실비실한 채로 힘없이 살아갔다. 초등학생 4학년짜리에게 있어야 할 특유의 활기찬 에너지는 도무지 찾아볼 수 없었다.

그런데 이런 일을 겪은 내가 과연 하나님의 사랑을 인정할 수 있을까? 하나님이 나를 사랑하신다면, 이런 일을 과연 허락하실까? 아무리 생각해 보아도 하나님은 나를 사랑하지 않는 게 분명했다. 우리 가족을 버리신 게 분명했다.

아니, 그땐 하나님 존재 자체를 의심할 수밖에 없었다. 어머니가 미쳤을 때, 몇 번이고 이사를 가야 했을 때도 느꼈던 것이지만 어쩌면 하나님은 존재하지 않는 분이실 수도 있었다. 나부터가 병상에서 오랜 기간 고통을 받게 되면서부터는 그 생각이 더욱 강력해졌다.

한편 어머니는 그때부터 나를 낫게 하기 위한 방법을 찾아 나서기 시작하셨다. 병원에 전세를 낸다고 될 일이 아님을 알아채셨는지, 곡성군에 있는 용하다는 한약방 침쟁이를 찾아다니는가 하면, 용하다는 약을 구하기 위해 광주든, 남원이든 가리지 않고 찾아 나섰다. 뱀사골에 용하다는 곳을 찾아 침도 맞아 보았다. 그러나 그 어떤 노력을 한들, 나을 기미가 보이지 않았다. 그리고 어머니의 노고가 무색해질 때마다 나는 자괴감에 휩싸여야 했다.

특히 나를 낫게 하려고 별의별 노력을 다 하는 과정에서 우리 집이 가지고 있는 밭이 조금씩 사라지기 시작했다. 말하지 않아도 눈치로 알 수 있었다. 우리가 주인이었던 밭에 다른 누군가가 와서 일을 하고 있는 것을 본다면 눈치채지 않을 수 없다.

그럴 때면 하나님의 존재를 의심하다 못해, 나의 존재 자체까지 원망스러워졌다. 나라는 존재가 집안에 짐이 된다는 생각, 아니 해악이 된다는 생각이 들어 너무나 괴로웠다. 그만큼 나의 출생 자체가 원망스러웠다. 분명 온 집안, 온 동네의 축하를 받으며 탄생한 나였지만 지금 내 존재는 태어나지 않았으면 더 좋았을 뻔한, 그런 존재가 되었다.

'나는 왜 태어난 걸까?'

열한 살밖에 되지 않은 나이였지만, 그 상황에 처해있다면 충분히 느끼고도 남을 감정이었다.

급기야 어머니는 한 무당의 제안으로 나를 동자승으로 보내셨다. 살리려면 그 방법밖에는 없다는 이유에서였다. 그렇게 열네 살밖에 되지 않은 아들이 이제 집을 떠나, 어머니 곁을 떠나 절에서 지내게 되었다.

이 모든 일을 겪은 나에게 더 이상 하나님이란 존재는 아무런 의미가 없었다. 이런 이유들이 내가 하나님을 믿을 수 없고 하나님의 사랑을 부정할 수밖에 없는 증거들이었다.

훗날 절에서 나와 다시 교회를 다니긴 했지만 하나님을 믿을 수는 없었다. 교회를 다니는 것과 하나님을 믿는 것은 별개의 문제였다. 특히 당연히 합격할 거라 믿어 의심치 않았던 고등학교에 떨어지면서부터는 완전히 엇나가기 시작했다. 다른 고등학교에 들어가긴 했지만 얼마 못 되어 자퇴를 하고 그 후에는 엇나가다 못해 완전히 비뚤어졌다.

'정말로 하나님이 나를 사랑하신다면 왜 나를 이렇게 고통스럽게 하시는가?'

'하나님이 나를 사랑하신다면 왜 우리 가족을 이렇게 고통스럽게 하시는가?'

'내가 대체 하나님께 무슨 잘못을 했기에…'

'우리 부모님이 무슨 죄를 지었기에…'

이런 생각이 기습할 때마다 나는 은혜의 자리에서 더 비껴나갈 뿐이었다.

하나님은 내게서 단 한순간도 눈을 떼신 적이 없다

그땐 정말 몰랐다. 하나님이 왜 나에게, 우리 가정에 그런 고통을 주시는지를…. 그땐 그저 하나님이 원망스러울 뿐이었다.

그땐 정말 몰랐다. 나의 아픔과 연약함이, 훗날 아프고 연약한 일을 돌아보게 할 능력이 되는지를…. 그땐 그저 하나님이 나를 외면했다고 생각할 뿐이었다.

그땐 정말 몰랐다. 미친 어머니를 바라보며 느껴야 했던 고통이 나를 주의 종으로 쓰시기 위한 하나의 작전이었음을…. 그땐 그저 하나님이 우릴 버리신 줄로만 알 뿐이었다.

그땐 정말 몰랐다. 다섯 번씩이나 이사를 하며 떠돌이 인생을 살아야 했던 것이 주님 한 분만 바라보게 하시기 위한 계획이었음을…. 그땐 그저 우리가 하나님의 눈 밖에 났다고만 생각할 뿐이었다.

어린 시절의 나는 충분히 고통스러웠고 그 고통으로 인해 청소년기의 나는 완전히 삐뚤어져야만 했다. 하나님을 더 이상을 믿을 수 없는 그런 지경에까지 이르렀다. 그러나 돌아보면 그 고통은 오늘날 주님께 쓰임받기 위한 관문일 뿐이었다. 버림받음의 상징이 아니라, 쓰시고 세우시기 위한 토대였다.

나를 눈동자 같이 지키시고 주의 날개 그늘 아래에 감추사 내 앞에서 나를 압제하는 악인들과 나의 목숨을 노리는 원수들에게서 벗어나게 하소서 (시 17:8–9)

국제 시합을 앞둔 국보급 운동선수들은 다른 선수들보다 더 열심히 훈련받아야 하고 그 가운데서 더 많은 고통을 겪어야 한다. 그러나 그 누구도 그것을 불행하게 보지 않는다. 그 고통의 순간들은 더 큰 무대에 서기 위한 영광의 순간이기 때문이다.

어디 운동선수뿐인가. 고시를 준비하는 사람들은 그 누구보다도 오랜 고통의 시간을 겪어야 한다. 도달해야 할 곳이 높을수록, 더 열심히 공부해야 하고 더 피나는 노력을 통해 준비해야 하는 것이다. 그런데 그것을 불행이라고 표현할 수 있을까. 그 역시도 돌아보면 영광의 흔적들일 뿐이다.

마찬가지다. 같은 고통이라 할지라도 영광의 순간을 향한 고통이 있다. 쓰임받기 위한 훈련의 단계로서의 고통이 있다. 그 고통은 아프고 쓰라리지만 결코 불행하다고 볼 수가 없다. 그리스도인에게 주어지는 고통들은 결국 영광의 순간을 향하고 있다. 하나님이 세우시고 사용하시기 위한 훈련의 단계일 뿐이다. 아무런 의미 없는 고통이 아니라, 그저 불행하기만 한 고통이 아니라, 하나님의 시각에서는 하나하나가 의미를 담고 있는 하나님의 계획이자 훈련의 흔적들인 것이다.

물론 그때는 잘 모른다. 하지만 언젠가는 알게 된다. 그 아픔의 시간들이 존재하기에 하나님과 얼마나 친밀해질 수 있었는지를. 그 시간들이 하나님을 제대로 만날 수 있고 하나님을 제대로 믿을 수 있는 계기가 될 수 있음을. 그리고 더 많은 영혼을 품을 수 있는 일종의 동력으로 작용할 수 있음을.

지금 고통받는 수많은 영혼들이 있다. 그들에게는 당장 하나님은 보이지 않을 것이다. 하나님의 사랑은 그저 거짓말로 들릴 뿐이다. 그러나 그들에게 꼭 전하고 싶다.

'하나님은 지금 이 순간에도 당신을 바라보고 있다.'고….

'당신이 어디로 가든, 하나님의 눈은 당신을 떠나지 않는다.'고….

'그 고통을 통해 당신을 하나님의 사람을 세우신다.'고….

그리고 '하나님의 사랑을 부정했던 그 증거들은 결국 하나님의 사랑을 확증케 하는 증거가 된다.'고….

내 지난날의 이야기들이 이 모든 것에 대한 하나의 증거가 되지 않을까.

나눔과 질문

Q1. 하나님이 계시지 않는 것 같다고 느낀 적이 있는가? 그때 하나님은 무엇을 하고 계셨을까?

Q2. 인생 가운데 가장 힘들었던 순간이 언제인가? 그때 하나님은 나에게 어떤 분으로 다가오셨는가?

하나님을
모르는 곳에는
희망도 없다

Chapter 2

하나님을 모르는 곳에는 희망도 없다

들어가기 전에 ─────────────────────────────

모든 것이 다 있어도
하나님이 안 계신 공간엔
희망이 존재할 수 없다.

세상이 부러워할 만한 조건을 다 갖추었어도
하나님을 느끼지 못하는 사람은
희망을 간직할 수 없다.

하나님을 외면하던
그 시절의 나에게도 희망은 없었다.

그 안에서 내 삶은 점점 빛을 잃어갔다.
까까머리 동자승이 되어
절간을 누비던 시절에는 더 짙은 암흑 속에 갇혀 있었다.

그러나 하나님은 손을 내미셨다.
암흑을 거두어 내셨고
희망은 빛처럼 다가와 나를 감쌌다.
내 조건과 상황은 아무것도 달라진 것이 없는데
나는 행복을 알게 되었고 희망을 말하게 되었다.

이제 하나님은
희망 없는 곳을 찾게 하신다.
그곳에서 희망을 말하게 하신다.
희망을 주시는 유일한 분의 존재를 전하라 하신다.

희망을 가진 자의 기쁨이 얼마나 큰지를 알기에
나는 오늘도 희망을 전하러 나서야 한다.

내 마음은 냉랭했다. 그들과 마주하기 전까지만 해도

'터벅 터벅…. 터벅 터벅….'

말레이시아 밀림 정글 속을 거닐고 있는 내 발자국 소리다. 헌데…. 발자국 소리가 그다지 경쾌하지만은 않다. 목적지로 한걸음에 달려가고 싶다는 긴박한 심정이 담겨 있지 않다. 그렇다고 겸허한 마음으로 조심스럽게 걸어가는 것 같지도 않다. 누가 들어도 간절한 마음이 느껴지지 않는, 지극히 평범한 발자국 소리일 뿐이다. 이 땅에 오고 싶은 마음이 간절하여 온 것이 아니라, 그냥 올 만한 상황이 되어서 온…. 그야말로 자의 반, 타의 반으로 왔을 때 날 수 있는 전형적인 발자국 소리다.

그날, 인생 첫 단기선교를 온 개척 3년차 목사는 아무런 생각 없이 그 땅 위를 걷고 있었다. 선교를 온 건지, 여행이 온 건지 구분이 되지 않을 정도로, 마음은 뜨뜻미지근했다. 첫 단기선교라지만 특별한 감동도 없었고 기대도 없었다. 목사가 이래도 되나 싶을 정도로….

복음 증거에 열정이 없어서가 아니었다. 사역에서 가장 중요한 것도 전도, 가장 우선순위에 놓아야 하는 것도 전도라고 생각했던 사람이 나였다. 그러나 해외선교에 대해서는 조금 달랐다. 중요성을 인정하면서도 열정을 쏟지는 못했다. 누군가가 반드시 해야 할 일이지만 내가 할 일이라고는 생각하지 않았다. '해외선교라는 특수한 사명'을 받은 '특정 사람'만 하는 게 선교라고 생각할 뿐이었다. 선교 사역에 전력을 다하는 교회들이 있으니,

우리는 우리대로 국내에서의 복음 전도에 힘쓰면 된다고 여겼던 것이다.

사실 생애 첫 단기선교에 온 것도 선교지를 향한 뜨거운 열망 때문이 아니라, 자연스레 기회가 주어져서 오게 된 것일 뿐이었다.

"목사님, 이번에 ○○교회에서 단기선교 프로그램이 있는데 같이 가시는 게 어때요?"

"글쎄요. 아무래도 사역일정 때문에 조금 바쁠 것 같긴 한데….'

"그래도 이번에 좋은 기회인데 함께 가시죠?"

"그럼 한번 기도해 보겠습니다."

그야말로 망설임 끝에 오게 된 선교였다. '어쩌다 보니' 오게 된 것이라고나 할까. 그러니 그 발걸음에 뜨거운 열정은커녕, 설렘과 기대감조차 담겨 있지 않았다. 선교지에 도착한 후로도, 그저 의미 없는 대화만 꺼내었을 뿐이다.

"역시나 많이 덥네요."

"숲이 정말 울창하네요."

"현지에서 사역하시는 선교사님들은 참 수고가 많으시겠네요."

가끔은 마음에도 없는 말도 꺼내곤 했다.

"오길 참 잘했네요."

그러나 숲을 지나고 물을 지나 그들이 숨 쉬고 있는 세계가 본격적으로 내 눈 앞에서 펼쳐지자 그 어떤 말도 나오지 않았다. 아까까지만 해도 동행하던 일행과 두런두런 이야기를 나누던 나였지만 그 순간부터는 말을 할

엄두조차 나지 않았다.

"…."

현지인들이 살아가는 모습이 내 시야를 장악한 순간, 할 말을 잃었다. 모든 것이 충격으로 다가왔다. 그곳에 있는 사람들의 모습 하나하나가 형용할 수가 없을 정도로 충격이었다. 가끔 텔레비전을 통해 오지에 살아가는 사람들의 모습을 종종 보곤 했지만 그들의 삶의 현장을 두 눈으로 직접 목격하자 아무 생각도 나지 않았다.

중요한 부분만 가린 채, 동물처럼 살아가는 그들의 모습…. 나무 위에서 집을 짓고 바나나를 먹으면서 돌아다니는 모습…. 농사도 짓지 않고 열매를 따먹으면서 연명하는 모습…. 이것이 현실이었다. 21세기에 그들이 겪고 있는 삶의 모습이었다.

더 안타까운 것은 집집마다 가득 자리하고 있는 우상들이었다. 그들은 문명과는 완전히 동떨어진 삶을 살면서도 우상 문화는 꾸준히 발전시켜 가는 모순을 드러내고 있었다. 우상에 자신의 삶을 의지하며 하루하루를 버텨보려 하지만, 정작 삶의 진보는 전혀 없는….

무엇보다 하나님이 계셔야 할 그 자리에 우상들, 귀신들이 가득한 것을 보면서 순간 이런 마음이 들었다.

'아…. 이들에게도 하나님이 필요하겠구나!'

사실 하나님을 모르는 사람들을 보며 하나님이 필요하겠다고 느끼는 것, 너무나 당연한 감정이다. 그런데 이전에는 못 느꼈다. 지금 내가 바라보고 있는 그들과 비슷한 사람들을 미디어를 통해 마주하면서도 그런 생각을 하지 못했다. 선교사님들이 그들에 대해 소개할 때에도 그런 생각을 하지 못했다. 분명 하나님을 필요로 하는 존재들인데, 그들에게 하나님을 알려 주어야 한다는 생각은 조금도 하지 못했다.

'왜 그랬을까?'

'왜 그들에게 하나님이 필요할 거라는 마음을 갖지 못했을까?'

'이제껏 그들에게 하나님을 소개해 주고 싶다는 생각을 하지 못했을까?'

이유는 간단했다. 관심이 없었으니까…. 그토록 불쌍한 영혼들이 내 관심 밖에 있었으니까…. 마음을 줄 대상이 아니었으니까….

내 가족이나 친구가, 혹은 내가 관심이 있는 사람들이 무엇인가를 필요로 하면 그 필요를 채워주고 싶어 한다. 내 마음과 몸이 곧바로 반응한다. 무엇인가가 먹고 싶다고 한다면 사다 줄 것이고, 내가 가지고 있는 것 중 무엇인가가 필요하다고 한다면 얼른 빌려 줄 것이다. 그러나 나와 아무런 상관없어 보이는 사람이 뭔가가 필요하다고 할 때는 그렇게 반응하지 않는다. 길을 가는데 길 너머에 있는 어떤 아이가 과자가 먹고 싶다며 징징댄다고 한들, 당장 달려가 그것을 사주지는 않는다. 그 아이가 내 자녀라면, 내 성도의 자녀라면 당장 길을 건너가서라도 원하는 것을 사주겠지만 생면부지의 아이일 경우에는 '부모가 알아서 해결해 주겠지.' 하면서 그냥 내 갈 길을 간다. 그의 필요를 알면서도 '내가' 굳이 채워줄 필요는 없다고 여기는 것이다.

선교지에 있는 그 사람들이 나에게는 그런 존재였다. '관심 밖에 있는 사람들….' 그 이상도, 그 이하도 아니었다. 하나님을 필요로 하는 존재이지만, '내가' 굳이 나서서 하나님을 소개해 주어야 한다고 생각하지는 않았다.

하지만 그 땅에 살아가는 그들을 직접 보고 나서야 알았다. 그들을 더 이상 외면해서는 안 된다는 것을…. 그들을 마음에 품지 않고서는 사역을 할 수 없음을….

내가 또 주의 목소리를 들으니 주께서 이르시되 내가 누구를 보내며 누가 우리를 위하여 갈꼬 하시니 그 때에 내가 이르되 내가 여기 있나이다 나를 보내소서 하였더니 (사 6:8)

하나님이 없으면 희망도 없다

말레이시아 밀림 속에 있는 사람들이 더없이 안타까웠던 것은 문명을 제대로 누리지 못해서가 아니다. 빈곤 때문도 아니다. 그들이 안타까웠던 것은 그들 안에 희망이 없었기 때문이다. 어디 그곳뿐인가. 나중에 인도, 방글라데시로 단기선교를 떠났을 때도 동일한 마음을 가질 수 있었다. 콜카타 시내에 가득한 거지들을 보면서 역시나 희망이 없이 살아가는 모습에 눈물을 지을 수밖에 없었다. 빈민촌 안에서 허기에 지친 어른들, 굶주림에 허덕이는 아이들 모두에게서 단 하나의 희망도 읽어낼 수가 없었다. 배고

파하는 그들의 모습보다 더 슬프게 다가왔던 것은 그들에게 희망이 없다는 사실이다.

희망이 없는 이유는 하나다. 하나님을 모르기 때문이다. 하나님을 모른 채 살아가는 삶 가운데 희망이라는 것이 있을 수 없었다. 심지어 그들은 자신에게 하나님이란 절대자가 필요하다는 사실조차 인식하지 못했다. 하기야, 나도 그들에게 하나님이 필요하다는 생각, 하나님을 소개해 주어야겠다는 생각을 하지 않고 있었으니까.

하나님을 모르면 희망이 없고 하나님을 알면 희망이 있다. 아무리 배가 고파도, 아무리 가난해도, 아무리 병들어도 하나님을 알면 희망이 있다. 옥중에서 극심한 고통을 당하며 핍박을 받던 사도들에게도 희망은 있었다. 하나님을 알기에 희망이 있었고 그 안에 영광이 자리하고 있었다. 또한 아무리 병상에 있다고 해도 하나님을 섬기는 자들은 희망을 갖는다. 육체적으로는 고통스러우나, 하나님을 알기에 희망찬 미래를 꿈꿀 수 있는 것이다. 천국을 기대할 수 있는 것이다.

어쩌면 옥중에서 고문을 당하는 자들이나 병상에서 사투를 벌이는 사람들은 선교지에 있는 그 사람들보다 더 고통 중에 있다고도 할 수 있다. 그럼에도 불구하고 그들은 하나님을 알기에 웃을 수 있고 찬양할 수 있는 것이다. 그러나 선교지에서 만난 그 사람들은 하나님을 모르기에 아무런 희망도 가질 수 없다. 다른 게 아닌, 그것이 슬픔이었다.

너희 중에 어떤 사람이 양 백 마리가 있는데 그 중의 하나를 잃으면 아흔아홉 마리를 들에 두고 그 잃은 것을 찾아내기까지 찾아다니지 아니하겠느냐 또 찾아낸즉 즐거워 어깨에 메고 집에 와서 그 벗과 이웃을 불러 모으고 말하되 나와 함께 즐기자 나의 잃은 양을 찾아내었노라 하리라 (눅 15:4-6)

내게도 희망이 없었던 시절이 있었다

새벽 세 시 반. 너무나 춥다. 겨울철의 새벽이니 더 추울 수밖에 없다. 이럴 땐 이불에 돌돌 싸여 잠을 청하는 게 상책이다. 그런데 그 시간, 나는 얇은 이불에서 나와 나갈 채비를 해야 했다. 그 이른 시각에 추위를 무릅쓰고 어떻게 해서든 나와야만 했다.

'더 자고 싶다.'

'정말 나가기 싫다.'

'아, 정말 탈출하고 싶다.'

그러나 나가지 않을 방법은 없다. 그곳에 있는 이상, 그 시간에 어김없이 나와야 했다. 그 시간에 맞춰 불공을 드려야 했으니까. 그것도 그날 하루만이 아니다. 매일 나가야 했다. 매일 새벽마다, 벌떡 일어나 불공을 드려야만 했다. 춥든 덥든 날씨는 중요하지 않았다. 어리다고 열외되는 것도 아니었다. 내 컨디션도 중요하지 않았다. 일단은 불공을 드려야 했다.

이것이 바로 열네 살 먹은 동자승이 맞이하는 하루의 첫 시작이다. 나는 그 시간들이 충분히 괴로웠다. 단지 추워서가 아니다. 불공드리는 게 버거워서가 아니다. 그것도 충분히 괴로웠지만 말할 수 없을 정도로 그 시간들이 괴로웠던 이유는 희망이 없었기 때문이다. 선교지에서 만난 이들에게 희망이 없었듯, 그 시절 나에게도 희망이 없었다. 그래서 괴로웠고 비참했다.

희망이 없는 이유 역시 간단했다. 하나님을 모르니 희망이 있을 리 없었다. 하나님이 없는 그 공간…. 그리고 그 공간에서 보냈던 일 년 가량의 시간들은 그만큼 돌이키기 싫을 정도로 끔찍했다.

아무런 희망이 없던 그곳에 어린 소년이 보내져야만 했던 이유가 있었다. 열네 살…. 이제 중학교에 들어갈 나이가 되었을 때의 일이다. 중학교에 다니기 위해서 남자아이들은 대부분 자전거를 사서 통학을 하였다. 부모님은 어려운 형편이었지만 장남 종수가 중학교를 간다는 사실이 마냥 즐겁고 행복하셨던 모양이다. 대부분은 6학년에 자전거를 사주는데 부모님은 5학년 때 자전거를 사주셨다. 친구들에게 얼마나 부러움의 대상이었는지 모른다. 거기에 가방도 새로 사고 교복도 준비하고…. 이제 중학교에 입학하여 학교를 다닐 날만 기다리고 있었다.

한 달쯤 지났을까? 갑자기 학교에서 왔는데 열이 나고 숨소리가 거칠더니 정신이 없는 것이 아닌가. 혼수상태에서 빠졌고 깨어나질 못했다. 아이가 갑자기 원인 모를 병을 앓게 된 것이다.

지금처럼 병원 응급실이 있을 리도 만무하다. 특별한 민간요법도 생각나지 않는다. 하늘이 무너지고 눈앞이 캄캄한데, 부모님이 할 수 있는 일이라곤 발을 동동 구르며 눈물을 흘리는 것뿐이었다.

시간이 흘러 열은 내리고 정신은 돌아왔지만 더 이상 학교는 갈 수가 없었다. 학교에 가야 할 그 시간에 마루에 앉아 저 멀리서 등교하는 친구들을 보면서 눈물을 흘릴 수밖에 없었다.

'학교에 가고 싶다.'

'나도 공부하고 싶다.'

'친구들이랑 놀고 싶다.'

그렇게 학교도 가지 못한 채 집안에서 며칠을 힘없이 보내고 있었다.

하루는 어머니께서 아픈 나를 데리고 어디론가 가셨다.

"엄마, 어디 가는 거야?"

"…."

분위기가 심상치 않았다. 괜한 불안감이 밀려왔다. 험상준령을 넘는데, 가서는 안 될 길을 가는 것만 같았다. 하지만 그렇다고 해서 어머니의 손을 놓을 수는 없었다.

역시나 어머니와 함께 도착한 곳은 이상하고 괴기스런 곳이었다. 지금 기억으로는 그곳에 무당이 있었던 것 같다. 한때 교회에 열심히 다니던 어머니가 그곳으로 향하신 데에는 이유가 있다. 교회를 다니면 내가 산다는 사실 하나만 붙들고 핍박을 이겨내며 교회를 다녔는데, 내가 이 모양이 되었으니 더 이상 교회를 다닐 필요가 없다고 여기셨던 것이다. 그러고는 이제 다른 종교에 의존하기 시작하신 것이다. 그렇게 찾아간 곳이 무당이 있는 공간이었다.

"선암사로 보내."

"거기서 중이 되지 않으면 아이는 살지 못해."

어머니는 무당의 말을 믿었다. 그거라도 해야 했다. 아들이 나을 수 있다면 산이든, 바다든, 절이든 다 보내야 했다. 조금의 가능성이라도 있으면 따르고 봐야 했다.

"정말 그러기만 하면 살 수 있는 거죠?"

"우리 아들, 하나밖에 없는 우리 아들이 나을 수 있는 거죠?"

선암사로 간다고 한들, 내 병이 나을 것 같지 않았지만 어느새 나는 어머니와 함께 선암사로 향하는 버스에 오르고 있었다. 물론 선암사를 향하는 버스를 탈 때만 해도 몰랐다. 나에게 앞으로 닥쳐질 일들을…. 다만 한 가지는 분명하게 느꼈던 것 같다. 지금 나는 살길을 찾아가는 것이 아니라, 오히려 절망의 늪으로 향하고 있음을….

예상보다 조금 늦게 도착한 상황에서 어머니는 부주지스님과 한참 이야기를 나누셨다. 눈물도 보이셨다. 그 짧은 시간에 험악하고도 서글픈 인생 스토리를 털어놓으시는 것 같았다. 구구절절이 말씀하신 듯 하였으나 결론은 결국 하나였다.

"그러니까 우리 아들 좀 살려주세요."

한동안 아들을 살리겠다며 교회에 열심히 다니던 어머니가 이제는 절에서 스님에게 매달리고 있었다. 아들을 살리기 위해 종교를 갈아타는 것쯤은 아무것도 아니었다.

그때 어머니와 스님은 몇 시간 동안이나 대화를 했다. 하지만 그 대화 내용이 지금 내게는 완전히 리셋된 상태다. 유일하게 기억나는 말이라곤 이거 하나다.

"이 놈은 오래 있을 놈이 아니야."

자세히 기억은 안 나지만 어머니와 스님의 대화 내용은 나를 동자승으로 삼겠다는 내용이었던 것 같다. 그런데 정작 스님 입장에서는 아무리 봐도 내가 이곳에 있을 놈이 아니었던 모양이다. 다른 말은 다 뒤로하고, 스님의 그 한 마디가 머릿속을 떠나지 않았다. 나는 그 이후로도 그 말을 종종 되뇌곤 했다.

'맞아. 나는 여기 있을 놈이 아니지.'

'여길 나가야 하는데…. 나가야 살 수 있는 건데.'

하지만 그 상황에서는 동자승이 될 수밖에 없었다. 모종의 합의 끝에 결정된 이상, 내 의견은 더이상 중요하지 않았다. 나를 어떻게 해서든 살려보겠다는 어머니의 의지가 나의 뜻을 꺾지 못했다. 그때 어머니는 다급했고 간절했다. 검증도 되지 않은 무당의 제안도 덥석 받아들이실 정도로, 일말의 가능성만 있어도 그대로 추진하셨다.

그렇게 나는 부주지스님을 따라 암자로 들어가게 되었다. 일말의 희망도 없는 그곳에 제 발로 걸어 들어가게 되었다.

그로부터 1주일이 되었을 즈음, 동자승의 통과의례라고 할 수 있는 삭발식이 치러졌다. 삭발식을 치르는 그날, 정적이 흐르던 절 한 켠에서 뭔가 바스락거리는 소리가 들린다. 부주님 스님이 내 머리를 직접 삭발하시기 위해 준비를 하고 계신다는 신호였다. 차분한 듯하면서도 분주한 소리와 함께 불안한 분위기가 내게로 밀려왔다. 그 작은 소리들이 내게는 두려움을 안겨주는 신호탄과도 같았다.

'오늘이면 정말로 동자승이 되는구나.'

'머리를 밀고 나면 이제 영락없이 스님이 되겠지.'

'더 이상 돌아갈 곳은 없겠지.'

순간 '스님'이라는 단어에 마음이 무너져 내렸다. 일주일가량 익숙하게 들어왔던 그 단어가 갑자기 어색하게만 다가왔다.

'나와는 상관없어야 할 그 단어가 나의 타이틀이 된다니….'

'단 한 번도 스님이 되겠다는 생각을 해 본 적이 없는데….'

'아니, 이런 생각을 하는 것 자체를 상상해 본 적이 없는데….'

'나는 여기 있을 놈이 아닌데….'

의자에 앉아서 기다리는데 이미 내 의지와 상관없이 눈물이 흘러내리고 있었다. 사실 눈물이란 것은 나의 슬픔을 누군가에게 알리겠다는 표시이기도 하다. 특히 아이들은 눈물을 통해 부모에게 자신의 마음을 표시한다. 그러면 이내 눈물을 알아챈 부모가 달려와 아이를 달래주고 일으켜준다. 그걸 잘 알기에 아이들은 마음껏 눈물을 흘린다. 눈물을 통해 얻을 수 있는 위로의 가치를 너무도 잘 알기에….

그러나 그 자리에서 나의 눈물을 알아채 줄 사람은 아무도 없었다. '왜 우는 거냐.'고 걱정스레 물어봐줄 사람도, '울지 말라'며 달래줄 사람도 그 자리엔 없었다. 그 눈물을 닦아주며 얼른 그 자리에서 나를 일으켜 줄 사람은 더더욱 없었다. 그걸 너무나도 잘 알기에 울지 않으려 했지만 나도 모르는 사이에 눈물은 이미 떨어지고 있었다. 울어도 소용없는 그 자리에서 눈물을 흘리고 있는 내 자신이 더 비참하게만 느껴졌다. 할 수만 있으면 자리를 박차고 일어나고 싶었으나 그마저도 내 맘대로 할 수 없는 현실은 나를 더 무너지게 만들었다.

그때는 정말 몰랐다. 하나님이 그 자리에서 나를 보며 함께 눈물 흘리고 계시다는 것을. 나보다 더 아파하고 계시다는 것을.

슬픔 속에 젖어있는데 문득 새로운 걱정이 밀려왔다. 이번에는 보다 현실적인 걱정들이 나를 찾아왔다.

'나는 언제 다시 학교에 갈 수 있으려나.'

'친구들은 어떻게 다시 만날 수 있으려나.'

연이어 등장하는 나의 걱정과 불안을 종식시키려는 듯, 가차 없이 삭발식이 시작되었다. 머리가 잘릴 때마다 마음도 끊어지는 것처럼 아팠다. 이런 내 마음을 아는 듯, 모르는 듯, 그날따라 목탁소리가 유난히 경쾌하게 울렸다. 소리는 경쾌한데, 그 소리가 울릴 때마다 내 마음은 한없이 뭉그러지는 것만 같았다. 나라는 존재가 사라지는 듯한…. 나의 존재를 포기하는 듯한 절망감 속에 아무런 생각도 하고 싶지 않았다. 아니, 아무런 생각도 들지 않았다.

정신을 차리고 보니 삭발식이 끝났다. 완벽한 민머리에 승복까지 입으니 더할 나위 없는 스님이었다. 물론 무늬만 스님이다. 헤어스타일과 의상만 스님의 형태를 갖추었을 뿐이지, 스님으로서 내가 할 수 있는 일은 없었다. 중 1 나이의 동자승이 할 수 있는 게 딱히 있겠는가. 고작 하는 것이라곤 스님의 잔심부름 정도였다. 물론 찾아보자면 찾아볼 수 있겠지만 스님으로서의 삶에 의욕 자체가 없었으니 굳이 찾지도 않았던 게 분명하다. 그러면서도 순간순간 회의에 빠졌다.

'지금 대체 뭘 하고 있는 것일까?'

'왜 여기서 밥을 먹고 있는 것일까?'

사실 여기서 작정하고 뭔가를 얻고자 한다면, 얻을 수 있는 것들도 많았다. 스님이 가르쳐 주는 예절이나 좋은 풍습, 가치 있는 교훈 등도 잘 배워 두면 유익이 아닌가. 그러니 온 김에 열심히 배우는 것도 나쁘진 않다. 그러나 나에겐 일말의 관심도, 열의도 없었다. 가르쳐주면 가르쳐주는 대로 듣기는 하지만, 그 안에서 나름의 의미를 발견하지 못했다. 희망이 없으니 모든 것에 가치가 부여될 수 없었다. 하나님이 계시지 않는 곳이기에 그 안에는 희망이 없었고 삶의 의미도 없었다.

마치 희망이 없는 말레시아의 원주민들처럼….

그리고 인도 켈커타 거리의 빈민들처럼….

희망을 갖는 것, 쉽고 간단하다

그 시절의 나와 지금의 나…. 달라진 것은 사실 하나밖에 없다. 하나님을 알게 되었다는 것…. 그 하나뿐이다.

그런데 그때부터 모든 것이 바뀌기 시작했다. 단지 하나님 한 분을 알게 되었을 뿐인데, 그 순간부터 인생의 방향이 틀어졌고 삶의 모습이 변해갔다. 내가 하는 일조차 달라졌다. 동자승이었던 내가 목사가 될 정도로 인생 최대의 반전이 일어났다. 무엇보다 내 인생에 희망이 깃들었다.

마찬가지다. 내가 하나님을 알고 절망에서 완전히 벗어났듯 선교지에서 만난 그들이 희망을 갖는 방법도 간단하다. 하나님을 알게 되면 희망은 자연히 따라온다. 그리고 그 희망이 깃든 순간 인생은 변한다.

단, 희망을 불어넣는 역할을 하는 사람이 필요하다. 그 사람이 바로 우리다. 하나님을 이미 알고 있는 사람들…. 하나님으로 인해 이미 희망이 있는 삶을 살아가고 있는 사람들…. 그들이 하나님을 전하고 희망을 전해 주어야 한다.

물론 그들에게 하나님이 주시는 희망이 깃든다고 해서, 당장 그들의 생활이 바뀌지는 않는다. 복음이 들어가자마자 형편이 펴지는 것은 아니다. 그러나 그들은 자신에게 나타난 변화를 충분히 알게 된다. 자신이 행복의 씨앗을 품게 되었음을…. 행복으로 나아갈 수 있다는 희망의 가능성을 갖게 되었음을…. 그러기에 그들은 웃을 수 있게 된다. 진짜 행복한 사람만이 가질 수 있는 그 미소를 갖게 된다. 그리고 희망을 되찾는 모습을 보며 우리도 새로운 희망을 갖게 된다. 동시에 희망을 더 많이 나누기 위한 새로운 비전을 품게 된다.

"올해 단기선교는 중국 곤명으로 정하면 좋을 것 같습니다."

"네, 목사님. 기도하며 준비해 나가겠습니다."

"목사님, 올해는 어디로….''

"올해 단기선교는 우간다가 어떨까요?"

"목사님 올해는 사이판, 필리핀, 캄보디아, 태국 치앙마이로 가야 할 것 같습니다."

"네. 저도 동의합니다. 선교팀들과 더 기도해 보면서 구체적으로 정해 봅시다."

다른 교회 단기선교 프로그램에 생각 없이 따라갔던 한 목사가 이제는 2년마다 돌아오는 단기선교를 기대하고 있다. 소중한 선교 동역자들과 어디로 갈지를 기도하며 정하고, 설레는 마음으로 준비를 한다. 하나님이 허락하신 놀라운 변화가 아닐 수 없다.

앞으로도 나아가야 할 곳이 많다. 지금 이 세계에는 여전히 희망 없이 사는 이들이 많기에…. 그리고 그들은 지금 이 순간, 하나님을 간절히 필요로 하기에…. 그들이 하나님을 필요로 하는 만큼, 하나님도 그곳에 희망을 심어 주시기 위해 희망의 전달자인 우리를 필요로 하신다. 하나님을 전하고 희망을 안겨줄 매개가 우리이기에, 하나님은 '지금 네가 필요하다.'고 말씀하신다.

그래서 우리는 가만히 있을 수 없다. 그곳을 품어야 하고 그곳으로 가야만 한다. 이것이 '희망을 이미 지닌 자'에게 주어진 사명이다.

나눔과 질문 ─────────────────

Q1. 내 인생에 하나님이 안 계셨다면 어땠을까? 상상조차 하기 싫은 그런 상상을 한번 해보자.

Q2. 내 주변에 하나님을 모른 채 희망 없이 살아가고 있는 사람들, 혹은 공동체가 있는가? 그들을 보며 무엇을 느끼는가?

이 길로 가게 하시려고 저 길은 막아 버리시는 하나님

이 길로 가게 하시려고
저 길은 막아 버리시는 하나님

들어가기 전에

나는 나를 잘 안다.
누구보다 나를 잘 알기 때문에,
나에게 맞는 계획을 세우며 살아왔다.

하지만
하나님은 나보다 나를 더 잘 아신다.
나를 지으신 분이시기에,
내가 모르는 나의 모습까지도 다 아신다.
그리고는 당신이 계획하신 나의 길을 친히 알려 주신다.

하나님이 지시하신 그 길은
내가 도저히 갈 수 없을 것만 같은 길이다.
단 한 번도 생각해 본 적이 없는 길이다.
특히 '목회', 이것은
나와는 아무런 상관없는 단어일 뿐이다.

그러나 나보다 나를 더 잘 아시는 하나님은
가라고 하셨고
갈 수 있다고 하셨고
가야만 한다고 하셨다.

세월이 흘렀다.
절대로 갈 수 없을 것만 같았던 그 길을
지금 내가 가고 있다.

그리고 더없는 평안함을 누리고 있다.
하나님의 명령 앞에 내 인간적인 계획은 모두 접었지만
하나님의 뜻대로 나아왔기에
평안할 수밖에 없다.
또한 하나님의 말씀대로 나아왔기에
하나님의 전적인 은혜를 덧입으며 살 수밖에 없다.

이제 나는 그 어떤 상황에서도

하나님의 뜻을 거역할 수가 없다.
이미 하나님의 인도하시는 방법을 체험했기 때문에
하라고 하시는 그대로 따를 수밖에 없다.
나를 나보다 더 잘 아시는 하나님이 명하신 그 길은
나에게 가장 좋은 길임을 알기에
명하시는 그대로 지킬 수밖에 없다.

그 시절, 나는 루저였다

휴대폰에 메시지 알림이 뜬다. 머리끝부터 발끝까지 온몸에 긴장감이 흐른다. 신경이 한곳으로 쏠린다. 조금 떨리는 손으로 메시지를 확인한다. 화면을 응시한 채 찬찬히 메시지를 읽어나간다. 숨을 고르며 한 줄, 두 줄 읽다가 마지막 문장에서 멈칫한다.

"안타깝게도 최종 면접에 불합격하셨습니다."

메시지는 이미 다 읽었는데 몸이 움직이질 않는다. 한참 더 화면을 응시한 후에야 휴대폰을 닫는다. 그러고는 고개를 떨군다.

이 시대 젊은 세대들이 종종 경험하는 일들이다. 이 순간엔 아무 생각도 들지 않는다. 처음 탈락 통보를 받은 사람은 첫 경험인 만큼 충격이 크고, 여러 번 탈락 통보를 받은 사람은 지칠 대로 지친 탓에 할 말을 잃고야 만

다. 아니면 너무 익숙해진 탓에 무덤덤하게 받아들이는 경우도 적지 않다.

취업 불합격 통보…. 이 메시지 앞에 하늘이 무너지는 듯한 심정을 감출 수 없는 이유는, 이 메시지 한 통 안에 생계가 달려 있고, 내 미래가 달려 있기 때문이다. 젊은이들은 내 자아실현을 위해 취업을 하는 게 아니다. 용돈벌이를 하려고 일을 구하는 것도 아니다. 먹고살아야 하기 때문에 끊임없이 준비하고 도전하는 것이다.

메시지 한 통 앞에서 고개를 떨어뜨릴 수밖에 없는 오늘날 젊은이들의 아픔을 나도 조금은 알 것 같다. 시대가 변했고 취업이 보다 어려워진 만큼, 그들의 아픔을 온전히 이해할 수는 없지만 그래도 취업의 문턱에서 연속된 좌절을 겪어본 터라 조금이나마 그 아픔의 크기를 헤아릴 수 있다.

제대를 한 후, 나는 취업을 위해 꾸준히 준비하고 도전했다. 솔직히 그 시절의 취업은 지금과는 조금 다른 양상을 띠었다. 아주 크고 좋은 회사가 아닌 이상은 성실한 준비와 노력만으로도 취업이 가능했다. 물론 그 시절에도 많은 준비와 공부를 요하긴 했지만, 적어도 정직한 노력이 결과를 배신하지는 않았다.

그런 시대였기에, 나도 무난히 취업에 성공할 줄 알았다. 열심히 노력하고 성실히 준비한 만큼, 어려움 없이 경제활동을 시작할 줄로만 알았다.

그런데 그게 아니었다. 나는 열외였다. 눈을 높아 좋은 회사, 큰 회사만을 고집한 것도 아닌데…. 준비를 소홀히 한 것도 아닌데…. 내게 매번 들려온 것은 불합격 통보였다. 다 통과하다가 최종적으로 불합격되는 경우도 있고, 서류심사에서부터 탈락하는 경우도 있었다.

한번은 내 상황이 딱했는지, 아는 분이 연락을 주었다.

"괜찮은 곳이 하나 있는데, 한번 가볼래?"

"저는 지금 어디든 좋습니다. 소개만 해주신다면, 어디든 갈게요."

"너 정도면 충분히 잘할 수 있을 거고, 거기서도 좋게 볼 거야. 내가 일단 말해둘 테니, 면접 일정 잡히면 가 봐."

그렇게 해서 보게 된 면접…. 소개 받아 간 곳인 만큼, 특별한 결격사유가 없는 이상은 합격이 보장된 상황이었다.

'이번엔 붙겠구나. 하나님, 감사합니다.'

그러나 그때도 결과는 마찬가지였다. 수화기 너머로 들려오는 소리는 합격이 아니라, 불합격 통보였다.

"김종수님이시죠? 아쉽게도 같이 일을 못하게 될 것 같습니다."

"네. 알겠습니다. 혹시 이유라도 알 수 있을까요?"

하지만 이유를 물어본다고 한들, 달라질 것은 없었다.

"죄송합니다. 여기와는 왠지 안 어울리는 것 같습니다."

지극히 주관적인 이유 앞에서 무슨 말이 더 필요하겠는가. 이제 20대밖에 되지 않은 젊은 청년에게 매번 들려오는 불합격 소식은 너무나 큰 상처였다.

한마디로 나는 '루저'였다. 제대는 했는데 갈 곳은 없는, 그런 잉여인간일 뿐이었다.

그런데 내가 앞으로 가도 그가 아니 계시고 뒤로 가도 보이지 아니하며 그가 왼쪽에서 일하시나 내가 만날 수 없고 그가 오른쪽으로 돌이키시나 뵈올 수 없구나 그러나 내가 가는 길을 그가 아시나니 그가 나를 단련하신 후에는 내가 순금 같이 되어 나오리라 (욥 23:8-10)

그 시절, 하나님은 주도면밀하게 계획을 진행시켜 가셨다

'내'가 '나'를 '루저'로 바라보며 한탄을 하고 있을 그 시각, 하나님은 자신의 계획대로 되어가는 것을 보며 만족스러워 하셨다. 그만큼 내 관점과 하나님의 관점은 철저히 달랐고 나의 계획은 하나님의 계획을 이기지 못했다. 하나님이 나를 택하신 이상, 하나님의 계획은 내 인생을 주관했고 하나님의 뜻은 나의 뜻보다 늘 앞서 있었다. 곧 나의 실패는 하나님이 나를 사용하신다는 사인이었고 나의 절망은 하나님이 뜻하신 때가 오고 있다는 징조였다.

물론 그때까지만 해도 나는 몰랐다. 하나님이 나를 위해 어떤 계획을 세우고 계신지 조금도 예상하지 못했다. 아니, 하나님이 '나'라는 존재를 위해 무엇인가를 계획하고 계신다는 사실조차 알지 못했다.

한편 하나님은 자신의 계획을 이루시기 위해 본격적으로 나와 독대할 시간을 마련해 주셨다. 연이은 취업 실패는 하나님과 깊이 있는 만남을 갖기에 최적의 조건이 아닐 수 없었다. 정말이지, 취업에 계속 실패하는 마당에 내가 할 수 있는 것이라고는 두 가지밖에 없었다. 말씀과 기도. 곧 하나님이 주시는 말씀을 듣고 기도를 통해 하나님과 대화하는 것, 그것이 그때 내가 할 수 있는 전부였다. 그야말로 하나님만 바라보고 하나님께만 집중할 수밖에 없는 그런 상황이 된 것이다. 하나님은 그토록 주도면밀하셨다.

솔직히 그때까지만 해도 나는 '이 위기를 통해 기도를 더 시키시려나 보다.' 싶었다. 하나님이 사랑하는 자녀와 더 가까워지기 위해 훈련과 고난을 허락하신다는 정도는 익히 들어온 터라, 나에게도 그런 연유로 시련을 주시겠거니 했다. 그러니 이 기회에 하나님과 제대로 친해져 보겠다는 다짐 정도만 할 뿐이었다.

하지만 하나님의 계획은 나와 더 친밀해지는 것, 그 이상이었다. 나와 더 깊이 있는 교제를 나눈 후, 나를 주의 종으로 세우시는 것, 그것이 하나님의 계획이었다. 그러나 나는 그 안에 담긴 하나님의 비밀은 모른 채 그냥 하나님께 집중하며 시간을 보냈다.

"야. 오늘 뭐하냐? 그때 거기서 모이자."

"아니야. 나는 오늘 어려울 것 같은데."

"야, 주말에 운동이나 하러 가자."

"음…. 운동? 아니다. 그냥 나는 안 갈래."

그렇게 좋아하는 친구들과의 만남도 끊었고, 그토록 좋아하는 운동도 끊었다. 아니, 내가 끊었다고 하기보다 끊겨졌다고 하는 게 옳을 것 같다. 왠지 하나님이 '넌 나에게만 집중하라.'고 하시며 끊어 주시는 것 같았다.

한편 그 시절만 해도, 기도란 '내 마음대로 하는 것'이라 생각했다. 내가 하나님께 하고 싶은 말을 내 의지대로 하는 것, 그것이 기도가 아니고 무엇이겠는가. 하지만 하나님께 온전히 집중하는 동안 기도는 단순히 나 혼자서 하는 게 아님을 경험하게 되었다. 분명 내가 하고 싶은 말을 하나님께 아뢴다고 생각하는데, 하다 보면 내가 의도하지 않은 말이 나오기 시작했다. 심지어 내가 절대로 하기 싫은 말, 해서는 안 되는 말까지 어느 순간에 하나님 앞에서 아뢰고 있었다.

"하나님. 취업도 안 되고 힘든 이 상황에서 하나님께 온전히 집중하게 하옵시고…."

"이 기간 동안 오직 하나님을 붙들며 잘 이겨내게 하시고…."

"하나님께서 제 인생을 인도해 주시고 진로와 취업 문제를 해결해 주시고…."

처음에는 이런 식으로 기도를 한다. 그러나 어느 순간, 기도의 내용은 완전히 바뀌어 있다.

"하나님께서 저를 주의 종으로 세우신다면…."

"목회를 하기에 연약함이 많으나, 그것이 하나님의 뜻이라면…."

기도의 시작은 분명 '하나님께서 내 앞길을 인도해 달라는 것'이었는데 어느 순간 '목회에 대한 기도'가 흘러나오고 있는 게 아닌가.

'아, 아니지. 이게 아니지.'

다시 정신을 차리고 원래의 의도대로 기도를 하지만 어느 순간 목회에 대한 기도는 또다시 내 입에서 흘러나오고 있었다.

'어? 이게 아닌데. 이래선 안 되는데. 하나님, 이건 아니거든요?'

하지만 하루이틀이 아니었다. 매번 기도는 그렇게 바뀌어 갔다. 나중에야 알았다. 기도란 것은 나 혼자 하는 것이 아니라, 성령의 인도하심 속에서 이루어지는 것임을…. 성령이 내 안에서 하나님께 아뢸 말을 일러 주심을….

그러나 그땐 그 사실을 알 턱이 없었다. 기도를 마치고 나면 이내 고개를 젓곤 했다. 일단 상상이 되지 않았다. 목회를 하는 나의 모습 자체가 말이 되지 않았다. 무엇보다 나는 기질 자체가 목회와는 맞지 않는 사람이었다. 목회란 말씀연구를 하고 강단에서 설교만 하는 게 아니다. 성도들을 이끌어 주어야 하기에 성도들과의 관계가 더없이 중요하다. 관심을 갖기 싫어도 내 가족처럼 관심을 가져야 하고, 끝까지 사랑으로 보듬어 주어야 한다. 한마디로 내가 절대로 할 수 없는 일이자, 내가 해서는 안 되는 일이었다.

그러던 어느 날, 섬기던 교회의 전도사님을 통해 하나님이 내게 주신 말씀을 전해 듣게 된다.

"내가 네게 명령한 것이 아니냐 강하고 담대하라 두려워하지 말며 놀라지 말라 네가 어디로 가든지 네 하나님 여호와가 너와 함께 하느니라 하시니라"

여호수아 1장 9절 말씀이었다. 하나님이 함께하신다는 그 말씀…. 그 말씀에는 '주의 길을 가라.'라는 메시지가 함축되어 있었다. 내가 함께할 테니 걱정 말고 주의 길을 가라는 것이었다.

하나님은 그토록 집요하셨다. 기도도 아예 성령의 주권 하에 하게 하시더니, 이제는 말씀을 들이미시며 나를 압박하신다. 이제야 뭔가 하나님의 의도를 알 것 같았다. 나를 왜 이 상황에 놓이게 하셨는지, 그리고 왜 계속 기도하게 하셨는지 이제는 감이 오기 시작했다.

하지만 나도 질 수만은 없었다. 하나님이 나를 사용하시겠다는 의도 자체야 감사하고 영광이었지만 아닌 건 아닌 거였다. 내가 할 수 없는 일인데, 나보고 어찌하란 말인가. 하나님이 정 그렇게 나오시면 나도 가만히 있지 않겠다고 생각했다. 일단 밀어내기로 했다. 못하겠다고 버티기로 했다.

"하나님. 제가 신앙생활을 멀리하겠다는 게 아닙니다. 저는 정말 하나님의 일을 열심히 하며 살 생각입니다. 열심히 일도 하고 돈도 벌면서, 그것으로 주님께 헌신할 생각입니다. 그리고 누구보다 열심히 봉사하려고 마음먹고 있습니다. 하지만 목회는 아닙니다. 목회 말고는 다 열심히 할게요."

"아니면 장로가 되어 평생 온몸을 바쳐 헌신을 할게요. 교회에서도 열심히 헌신하고, 일터에서 최선을 다해서 하나님께 영광 돌릴 자신 있습니다. 그런데 목회는 절대 못해요. 아시잖아요."

당시 나는 하나님과 인격적인 만남을 가진 이후였고 기도와 말씀에 집중할 정도로 하나님의 사람이 되고 싶어 하던 상황이었다. 하지만 모든 것을 다 할 수는 있어도 목회만은 절대 할 수 없었다. 안 하는 게 아니라, 못하는 것이었다. 내가 할 수 있는 영역 밖의 일이었던 것이다.

"그러니까 하나님…. 뭐든 하겠습니다. 정말 하나님을 위해 다 하겠습니다. 하지만 목회는 아닙니다. 그것만 빼고 다 하겠습니다."

하지만 하나님은 하나님이었다. 인간이 감히 상대할 수 없는, 하나님이었다. 부정하면 부정할수록, 밀어내면 밀어낼수록 더 강력하게 다가왔다. 하나님은 그 말씀을 내 곁에서 떠나지 않게 하셨고 계속 머리에서 맴돌게 하셨으며 내 마음에 완전히 자리잡게 하셨다.

그 이후, 어떻게 되었을까? 결과는 뻔했다. 나는 보기 좋게 졌다. 결국 나는 목사가 되었고, 지금도 계속 목회를 하며 이 글을 쓰고 있다.

때로는 꺾여도 좋은 나의 계획

그러고 보면 고등학교 입학 당시에 겪었던 좌절도 은혜였음을 고백하지 않을 수 없다. 중학교 시절, 나는 공부를 썩 잘했다. 동자승으로 절에서 1년을 보내느라 1년 늦게 들어온 상황이었지만, 공부하는 데에는 어려움이 없었다. 이제 고등학교만 잘 정한 후, 준비하면 될 것 같았다. 하루는 담임선생님이 부르셨다.

"종수야. 생각해 놓은 학교 있니?"

"저는 철도고등학교랑 수도공업고등학교…."

"그래. 그래. 철도고등학교랑 수도공업고등학교 좋지. 너 실력이면 갈 수 있어. 충분히."

"네. 감사합니다."

"그 정도는 나와야 직장도 잘 잡을 수 있고, 여러 모로 좋지. 그런데 이제는 아예 한 곳을 정해야 돼."

"둘 중 어디가 좋을지 모르겠습니다."

"내가 보기엔 수도공고가 나을 것 같은데. 요즘 거기가 더 여러 면에서 우세하니까."

철도고등학교와 수도공업고등학교. 당시 이 두 학교는 가난하면서도 똑똑한 아이들이 많이 가는 명문이었다. 선생님의 권유로 수도공고를 최종 목표로 삼았는데, 사실 부담이 될 것은 없었다. 원래 하던 대로만 시험을 쳐도 충분히 들어갈 수 있을 거라 생각했다.

그러나 인간의 예상은 하나님의 뜻을 이길 수 없었다. 평범하게 시험을 보고 자연스럽게 합격해야 마땅한 나의 예상과 달리, 시험 날 내 몸은 극도로 안 좋아졌다. 너무 몸이 아파서 시험을 포기해야 하는 건 아닌지 고민할 정도였고 결국 시험을 보기 좋게 망쳤다.

시험 결과가 나오고 고향으로 내려갔다. 실패의 경험을 안고 내려가는 고향길이 너무 낯설고 힘들게 느껴졌다. 생애 처음으로 경험한 실패의 아픔은 생각보다 괴로웠다. 하지만 돌이켜보면 이 시대의 젊은이들의 아픔을 통감하는 계기가 되어 훗날에 나의 목회에 큰 도움이 되었다.

학교에 가서 떨어졌다는 소식을 전했다.

"선생님. 떨어졌습니다. 죄송합니다."

"에휴, 야. 농담하지 말고, 빨리 가봐."

"정말 떨어졌습니다."

"장난하지 말라니까! 이게 선생하고 농담 따먹기를 하려고 그러네?"

나 역시도 그것이 제발 농담이길 바랐다. 그러나 낙방은 이미 벌어진 현실일 뿐이었다. 심지어 나보다 점수가 안 좋던 친구들도 다 합격했는데….

그때도 나는 어이없는 낙방이 하나님의 계획인지 몰랐다. 그땐 하나님과 인격적인 만남을 갖기 전이라 더없이 당혹스러울 뿐이었다.

만약 그때 내가 합격을 했다면 어떠했을까? 아마 지금쯤 기술자가 되어 있겠지…. 직장을 다니고 평범한 가정을 꾸리면서 매달 받는 든든한 월급으로 안정된 삶을 살고 있겠지….

그런데 아무래도 그 삶이 하나님의 계획은 아니었던 것 같다. 그러기에 막으셨다. 아예 고등학교 때부터 길을 철저히 막으셨다. 이 길로 가게 하시려면 그렇게라도 하셔야 했다. 불합격이라는 아픔이 나를 조금 쓰라리게 했지만 그럼에도 어쩔 수 없으셨음을 잘 알고 있다.

이러다 합격하면 어떡하지?

하나님은 '당연히 붙어야 할 것'은 어이없게 떨어뜨리시는 대신, '기대도 안 했던 것'은 너무나도 쉽게 붙게 하셨다. 이미 다 뚫려 있는 길을 한순간에 막으셨다가도, 때로는 없던 길도 한순간에 나타나게 하시는 분이 바로 하나님이셨던 것이다.

신학교에 들어갈 준비를 한 후, 시험을 칠 때도 그랬다. 솔직히 그땐 조금 불안했다. 합격하지 못할까 봐 불안한 것이 아니라, 오히려 합격할까 봐 불안해졌다. 목회에 대한 확실한 응답을 받기는 했지만 아무나 할 수 있는 일이 아님을 잘 알기에, 때로는 도망가고 싶은 마음도 들곤 했던 것이다. 목회가 싫어서가 아니었다. 영광된 일임을 알지만, 그런 영광된 일인 만큼 부담이 될 수밖에 없었던 것이다. 그래서인지, 시험을 앞두고 불안해졌다.

그래서 한편으론 떨어져도 기분이 좋을 것 같았다. 시험에 떨어지면 하나님께 핑계를 댈 명분이 서고, 잠시라도 주의 길을 가지 않아도 될 사유가 생성되지 않는가. 마치 취업을 하고 싶어도 못했을 때처럼…. 그러면 그때는 당당하게 피할 수 있다.

'저는 목회를 하고 싶은데, 아쉽게도 떨어져 버렸네요. 어쩔 수 없죠. 뭐.'

'떨어지면 하나님의 뜻의 아닌 줄 알겠다고 했는데, 아쉽게도 떨어져 버렸네요.'

이렇게 말해 버리면 그만인 것이다. 그렇게 '시험에 붙으면 어쩌나.' 싶은 마음을 가지고 시험을 치렀는데, 이럴 수가…. 너무 쉬웠다. 심지어 당시에는 공부를 많이 하지 못하던 상황이었음에도 문제가 술술 풀렸다. 가령 영어 시험에서 관계대명사에 대한 문제가 나오는데, 고민할 것도 없이 답이 바로 나왔다. 공부를 별로 하지 않았지만 그냥 쉽게 풀렸다. 문제가 잘 풀려 기분이 좋다가도 멈칫했다.

'큰일이다. 이러다 붙겠구나. 이거 큰일났다.'

수도공고 시험을 치를 때나, 취업을 할 때는 그렇게 안 도와주시더니, 이번에는 고생 없이 프리패스로 통과하게 하시는 것만 같았다. 그러고는 예상대로 붙었다. 하나님이 더 이상 아무 말 못하도록 합격시켜 버리셨다. 주의 길을 갈 수밖에 없게끔 만들어 버리셨다.

하나님의 입장에서 길은 하나일 수밖에 없다. 하나여야만 한다. A라는 길과 B라는 길을 동시에 갈 수는 없고 A라는 길을 가기 위해서는 B라는 길을 포기할 수밖에 없다. 그래서 하나님은 막아 주신다. 두 길 사이에서 혼동하지 않고 헷갈리지 않도록 아예 막아 주신다. 신학을 하기 위해서는 수도공고를 가서는 안 되었고 취업을 해서도 안 되었다. 결국 그때의 실패는 실패가 아니었다.

그래서 이제는 실패로 보이는 일 앞에서도 좌절하지 않을 수 있다. 우리에게는 실패와 좌절로 보이는 그 일이 하나님 편에서는 성공을 향해 나아가는 하나의 과정일 뿐이기 때문이다. 그러니 두려워할 필요도 없고 막막해 할 필요도 없다. 예수님의 십자가도 마찬가지가 아닌가? 이 땅에 오셔서 조롱과 핍박 속에 죽임을 당하신 예수님…. 이보다 더한 실패가 어디 있단 말인가. 그러나 메시아의 통치를 기대했던 백성들이 좌절할 때, 하나님은 구원역사가 성공한 것을 보시며 만족스러워 하셨다. 가장 처절해 보이는 그 실패의 사건은 사실상 지구 역사에 있어 가장 위대한 성공이자 승리의 순간이었다.

결국 하나님의 자녀에게는 실패라는 것이 존재하지 않는다. 하나님 안에서는 모든 것이 승리일 뿐이다. 실패도 승리를 위한 과정이고 실패를 가장한 승리일 뿐이다. 이런 이유에서 우리는 더 이상 두려워할 필요가 없다. 두려워하지 말라는 하나님의 말씀은 근거 없는 격려가 아닌, 부정할 수 없는 진리의 말씀이었다.

내가 네게 명령한 것이 아니냐 강하고 담대하라 두려워하지 말며 놀라지 말라

네가 어디로 가든지 네 하나님 여호와가 너와 함께 하느니라 하시니라 (수 1:9)

나눔과 질문

Q1. 계획한 일이 모두 막혀 절망 가운데 놓였을 때를 떠올려 보자. 지금 돌아볼 때, 그 안에 담긴 하나님의 뜻은 무엇이었는가?

Q2. 하나님이 내 앞길을 지속적으로 인도하고 계심을 실감하고 있는가?

Blossoming

A flower before blossoming.
It's a new life like a miracle.

Chapter 4

하나님의
존재를 느끼고
하나님의 사랑을
확인하던 인생 최고의
그날

하나님의 존재를 느끼고
하나님의 사랑을 확인하던
인생 최고의 그날

들어가기 전에

때가 왔다.
하나님이 나를 만나주실 때가 왔다.

하나님을 등진 채 1년 여간 절에서 우상을 섬기던 소년,
하나님을 대적하며 세상과 벗하던 청년.
그 한 사람을 다시 부르실 때가 왔다.

하나님은 치밀한 계획 속에 나를 다시 부르셨다.
그리고 끊임없이 마음 문을 두드리셨다.
내가 문을 열 때까지 쉬지 않고 두드리셨다.

드디어 문이 열렸고
주님이 내 안에 들어오셨다.

그때 주님께서 말씀하셨다.
나를 사랑한다고.
다른 누구도 아닌,
종수 너를 사랑한다고.

처음으로 확인한 하나님의 사랑!
그 하나면 족했다.
하나님이 나를 사랑하신다는데….
없어져야 마땅하다고 생각했던 내가
꼭 필요하다고 하시는데….
나조차도 혐오하던 나를
하나님은 그토록 좋다고 하시는데….

더 이상 무슨 설명이 필요할까.
더 이상 어떤 행복이 필요할까.

너 교회 안 다니지?

마지막 휴가 날…. 그날의 아침은 유난히 맑고 밝았다. 물론 얼마 안 있으면 제대를 하여 완벽한 자유인이 된다는 생각 때문에, 그날의 공기가 달리 느껴졌는지도 모른다. 어찌되었든 마지막 휴가를 맞이하는 내 마음은 한껏 부풀어 올라 있었다.

그렇게 비장한 마음으로 마지막 휴가에 대한 각오를 다지려는데, 무엇인가가 제동을 걸었다. 그렇다. 돈! 돈이 내 발목을 잡는다. 휴가 때마다 내 발목을 잡는 그 녀석은 역시나 마지막 휴가 때에도 마음을 불편하게 만들었다.

휴가가 즐거운 휴가가 되기 위해서는 전제되어야 할 것이 있었으니, 그것은 다름 아닌 돈이었다. 돈이 있어야 제대로 놀 수 있고, 원하는 걸 먹고 마실 수 있고, 사람들과 즐겁게 어울릴 수 있다. 그만큼 행복한 휴가의 마침표를 제대로 찍으려면 반드시 일정 금액 이상의 금전이 필요했다.

나는 망설임 없이 누나를 찾았다. 적어도 천사 같은 우리 누나라면 나를 외면하지 않을 것이라 생각했다. 용돈 좀 달라고 하면, 고민할 것도 없이 얼마를 쥐어줄 거라 생각했다. 그것이 마지막 휴가를 보내는 동생을 둔 누나의 바람직한 자세가 아닌가.

"누나. 동생이 마지막 휴가 나왔는데…. 용돈 좀 챙겨줄 거지?"

이상했다. 특별한 대답 없이 미소를 지으며 지갑을 열 것이라 생각했던 누나는 선뜻 돈을 건네지 않았다. 누나는 대뜸 조건을 내걸겠다고 했다.

"용돈? 음…. 줄 순 있는데, 단 조건이 있어."

내가 알던 누나가 아니었다. 조건이라니! 제대를 앞둔 동생에게 조건이라니…. 불안했다.

"뭐, 별 건 아니고. 나랑 어디 좀 가자."

별 거 아니라고 하니 더 찜찜했다. 거기에 어디를 좀 가자고 하니, 괜히 겁부터 났다. 하지만 마지막 휴가를 알차게 보내기 위해서는 반드시 금전이 필요했고, 안정적인 금전 확보를 위해선 누나의 말을 따라야 했다. 나에게는 선택의 여지가 없었다.

누나는 나를 데리고 한참을 갔다. 어떤 건물에 다다라서는 지하로 향하는 계단을 내려가기 시작했다.

'지하실?'

겁이 났다. 하지만 고개를 들어보니 허름한 교회 간판이 눈에 보였다. 그렇다. 누나가 가자고 한 곳은 지하실에 위치한 어떤 교회였다. 교회라는 걸 알고 한편으로는 안심도 되었지만 다른 한편으로는 더 불안해졌다. 나에게 무슨 일이 일어날 것만 같은, 알 수 없는 감정이 치고 들어왔다. 하지만 예의상 한두 번만 가주면 될 거라 생각하고 교회 안으로 들어갔다. 발을 딛는 그 순간부터 내 인생이 송두리째 바뀔 것이라곤 조금도 상상할 수 없었다.

교회 안으로 들어가니, 많은 환자들이 전도사님에게 기도를 받기 위해서 기다리고 있었다. 세상의 의학으로 고칠 수 없는 불치의 병을 가지고 있는 사람들이 마지막 희망의 지푸라기를 잡는 심정으로 찾아온 것이다. 한참을 기다린 후에 여전도사님 앞에 앉았다. 물론 그 어떤 기대도 없었다. 그냥 불편한 심기를 가진 채 마냥 기다렸다.

얼마 후, 전도사님이 내 앞에 오셨다. 나이는 꽤 드셨지만 누구보다 정정해 보이셨다. 그런데 다가오자마자 대뜸 물으셨다.

"교회 잘 다닙니까?"

'어? 어? 어떻게 아셨지?'

순간, 뜨끔했다. 찔렸다. 여유롭게 나를 바라보시는 전도사님과 달리, 나는 떨리는 눈빛을 감추려 고개를 살짝 옆으로 돌렸다. 그러고는 대충 둘러대듯, 대답을 했다.

"아, 네. 네. 뭐…."

긍정도, 부정도 아닌 대답을 은근슬쩍 흘려놓고는 얼른 저쪽으로 유유히 걸어갔다. 사실 전도사님 입장에서는 그냥 지나가는 말로 물어본 것일 뿐이었다. 처음 보는 청년에게 딱히 할 말이 없으니 뻔한 인사치레를 하셨다고나 할까? 누나와 교회에 이렇게 찾아올 정도면 당연히 평소에도 교회 잘 다니겠거니. 싶어, 의미 없이 물어보는 것에 불과했던 것이다. 마치 점심시간이 지난 후에 "점심 식사하셨죠?"라고 인사차 묻는 것처럼.

그러나 나는 그 질문을 듣는 순간, 머리를 한 대 맞은 듯 했다. 그 질문이 나에게만큼은 이렇게 다가왔다.

"너 교회 안 다니지? 요놈 새끼…."

전도사님의 입을 통해 하나님이 질타하시는 것만 같았다. 대답조차 하기 어려울 정도로 당혹스러웠다.

그날 교회에서 어떻게 시간을 보냈는지 모르겠다. 첫 질문부터가 나에게 타격이 컸으니, 그저 떨리는 마음으로 그 자리에 있다가 집으로 온 것 같다. 교회 가기 전까지만 해도, 빨리 누나에게 일당(교회 다녀온 것에 대한 대가)을 받아야 한다는 생각밖에 없었는데, 그곳을 빠져나온 후부터는 용돈 생각은 나지도 않았다. 그냥 묘했다. 싱숭생숭했다.

그날 밤, 밤새도록 잠이 오지 않았다. 역시나 이유는 모른다. 휴가 온 군인이 잠을 못 잔다는 건 사실 말이 안 된다. 서울역 한복판에 놔두어도 그동안에 묶여있던 긴장이 풀려 잠이 드는 게 정상 아닌가. 그런데 아늑한 방안에서도 뒤척이기만 했다.

다음날 다시 교회로 갔다. 누나와의 일종의 계약이니 어쩔 수 없었다. 그런데 전도사님은 이번에는 이렇게 물어보셨다.

"어젯밤, 잘 잤어요?"

또다시 뜨끔했다. 사실 이조차도 형식적인 질문이었다. 어제 하루 동안 잘 지냈냐고 묻는, 그런 평범한 안부 인사였다. 그런데 나에게는 그 질문이 그렇게 다가오지 않았다.

'어떻게 아셨지? 전도사님이 내가 잠 못 잔 걸 어떻게 아신 거지?'

그 이틀 동안 나는 그동안 잊고 있었던 하나님의 존재를 다시금 떠올릴 수밖에 없었다. 그리고 마냥 신기했다. 단순히 전도사님이 내 상황을 그대로 맞추어서 신기한 것이 아니라, 그 두 마디를 통해 하나님이 나를 늘 지켜보고 계신 것 같다는 느낌을 받았다고나 할까. 어렴풋이 다가오는 하나님의 존재⋯. 그 느낌은 뭐라 말할 수 없는 특별한 감정이었다. 과거에 교회를 다니는 동안에는 단 한 번도 경험해 보지 못했던⋯.

내가 주는 물을 마시는 자는 영원히 목마르지 아니하리니 내가 주는 물은 그 속에서 영생하도록 솟아나는 샘물이 되리라 (요 4:14)

나중에야 알게 된 내 몸의 정체

뭔가 특별한 느낌을 받기는 했지만 그렇다고 해서 사람이 달라지지는 않았다. 여전히 나는 완악하기 그지없는 철없는 청년이었다. 하나님의 존재에 대한 특별한 느낌을 받긴 했지만, 그 이후론 다시 세상과 벗하며 지내느라 정신이 없었다. 그 이틀 동안의 특별했던 기억이 너무나 강렬했지만 애써 외면해 버리고자 했다.

심지어 마지막 휴가가 아니던가. 최대한 즐겨야 했다. 내 마음이 가는대로 내 몸도 움직여야 했다. 그러기 위해서는 술도, 담배도 한껏 거들어주어야 했다. 무엇보다 그렇게 놀아도 될 자격이 나에게는 있었다. 나는 제대를 앞둔 말년군인이니까!

그런데 시골에 내려가서 양치질을 하는데 갑자기 역겨운 느낌이 들었다.

무슨 병을 앓고 있는 것도 아닌데, 속이 이상했다. 그리고 알 수 없는 정체 불명의 이물질이 나왔다. 보기 거북할 정도로 끔찍했다(그 순간에는 잘 몰랐는데 나중에 돌이켜보니, 몸에 있던 니코틴이 다 나온 것 같았다).

그보다 신기한 것은 이후 내 몸에 나타난 변화였다. 그 이후로는 담배를 피기만 하면 쓰고 어지러웠다. 그토록 맛좋던 담배가 아니던가. 나에게 없어서는 안 되는 친구가 아니던가. 그런데 담배를 입에 갖다 대기조차 싫을 정도가 되어버렸다.

처음에는 갑자기 오랜 벗이 사라진 느낌마냥, 서운했다. 하지만 그 느낌이 꽤 나쁘지는 않았다. 오랜 벗이긴 하지만, 만나서는 안 될 벗과 헤어지게 된 홀가분한 기분이랄까.

한편 예상치 못하게 담배와 작별을 고하게 되었으니 이제는 술에 의존해야 했다.

'야… 이젠 너밖에 없다.'

그런데 갑작스레 담배와 멀어질 수밖에 없는 상황이 되자 문득 걱정이 밀려왔다.

'술, 너마저도 나를 떠나는 건 아니지?'

담배를 포기해도 술은 포기할 수 없었다. 술과의 이별은 곧 여럿 인간관계가 끊어진다는 것을 의미하기 때문이다. 곧 술과도 작별을 해야 한다면, 그 많은 술친구들과도 관계가 끊어진다.

'절대 안 돼. 그것만은 안 되지.'

'아마, 괜찮을 거야. 담배는 몸에 받지 않아도 술은 몸에 받겠지.'

다행히 술 냄새를 맡아도 별다른 반응이 나오지는 않았다. 얼마나 다행이었는지 모른다. 인생의 재미 하나를 포기할 뻔 했는데 다행히 그러지 않아도 된다니…. 그러나 다른 방법으로 술을 먹지 못하는 상황이 발생하기 시작했다.

'왜 이러지? 오늘따라 왜 이렇게 배가 아프지?'

이유 없이 배가 아프기 시작하면 얼마 안 되어 전화가 오곤 한다.

"야, 오늘 술 한 잔 어때?"

하나님이 오늘 술 약속이 잡힐 걸 아시고 아예 못 나가도록 배가 아프게 만드신 것만 같았다. 그래도 처음 한두 번은 우연이려니 생각했다. 그러나 한 번이 두 번이 되고 두 번이 세 번, 네 번이 되면서 이제는 뭔가 알 것만 같았다. 하나님이 대놓고 못 먹도록 막으시는 것임을. 심지어 술 약속이 잡히려야 잡힐 수 없는 그런 날에도 갑자기 배가 아픈 적이 있었다.

'오늘은 왜 이러지? 술 먹자고 할 놈도 없는데…. 갑자기 배가 왜…'

놀랍게도 그날 저녁이면 말도 안 되는 일로 술 약속이 잡힌다. 그마저도 하나님은 다 아시고 애초에 술과 벗할 여지를 차단해 버리신 것이다.

참고로 '술' 하면, '아버지'였고, '아버지' 하면 '술'이었다. 후에 아버지는 술을 너무 드셔서 조기 알코올성 치매에 걸리신 전적이 있을 정도였다. 그러니 나도 작정하고 마시면 꽤나 잘 마실 수 있다. 또한 아버지의 술 유전자를 이어받은 나에게 금주는 결코 쉬운 일이 아니다.

그러나 하나님은 그 어려운 금주와 금연을 너무나 자연스럽게 성사시키셨다. 금주든, 금연이든, 인간의 힘으로는 어렵지만 하나님에게 있어서는 간단한 문제였던 것이다. 특히 금연 한 번 하려면 오랜 기간 피나는 노력을 해도 성공하기 어렵지 않은가. 그런데 하나님은 한번에 끊게 하셨다. 특별한 의지나 결단이 없이도, 몸이 거부하게끔 만드신 것이다.

그땐 하나님의 마음을 온전히 알지 못했다. 뭔가 하나님의 계략(?)이라고는 느꼈지만, 그 안에 담긴 하나님의 마음을 알 수는 없었다. 마치 어린아이가 불량식품을 못 먹게 하는 부모의 마음을 당장은 이해할 수 없는 것처럼.

하지만 나중에야 알았다. 하나님이 왜 그렇게 하실 수밖에 없었는지…. 아니, 내가 하나님에게 있어 어떤 존재였는지부터 분명하게 알게 되었다.

알고 보니…. 나는 하나님의 전이었다. 하나님이 거하시는 아주 특별한 몸이었다. 그것도 거룩한 전, '성전'이었다. 그토록 거룩해야 할 공간이자 하나님이 계시는 곳이 내 몸의 정체였으니, 하나님은 그렇게 술도 담배도 끊을 수밖에 없도록 작전을 펼치신 것이다.

그러므로 형제들아 내가 하나님의 모든 자비하심으로 너희를 권하노니 너희 몸을 하나님이 기뻐하시는 거룩한 산 제물로 드리라 이는 너희가 드릴 영적 예배니라 너희는 이 세대를 본받지 말고 오직 마음을 새롭게 함으로 변화를 받아 하나님의 선하시고 기뻐하시고 온전하신 뜻이 무엇인지 분별하도록 하라 (롬 12:1-2)

그리고 어느새 나는 하나님과 많이 친밀해졌다. 사실 이전까지 나에게 있어 하나님은 나와 상관없는 존재일 뿐이었다. 그냥 한때 믿었던 신(그마저도 겉으로만 믿었던 신)에 불과했다. 그랬던 내가 나도 모르는 사이에 길들여지는 것 마냥, 하나님의 개입을 받고 있음을 알게 되었다. 하나님이 나를 꾸준히 간섭하시고 이끌고 계심을 느끼게 되었고, '나'라는 존재가 내 마음대로 살아서는 안 되는 존재임을 알아가게 되었다.

하지만 그때까지만 해도 그 모든 간섭과 개입이 하나님의 사랑인 줄은 몰랐다. 관심을 가져주어 조금 고맙긴 하지만, 부담스럽고 귀찮게 여겨지는 게 더 컸다. 하나님 때문에 세상 재미를 다 끊게 생겼으니 불만이 있을 수밖에 없었던 것이다.

그날에야 알았다. 그분의 존재와 그분의 사랑을

하나님의 개입 속에서 세상과 멀리하는 과정을 겪는 동안, 꾸준히 교회에 다니며 신앙생활도 열심히 할 수 있었다. 아직은 귀찮고 부담스런 하나님의 개입이긴 하지만, 그 가운데 신앙생활에 대한 열정이 생겨났다. 누나와의 계약대로 몇 번만 가고 끝내려고 했는데 완전히 발목이 잡혀 버린 셈이다. 누나의 작전(정확히 말하면 하나님의 작전)이 통한 것일까? 계약이 끝났어도 왠지 계속 교회와 가까이하고 싶었다.

또한 하나님은 나의 신앙생활을 전담해 줄 영적인 멘토 전도사님 한 분을 만나게 해주셨다. 그 전도사님과 꾸준히 영적 교제를 이어가면서 새로운 영적인 세계에 대해 알아가게 되었다. 무엇보다도 하나님의 말씀인 성경이 어떤 책인지를 배우게 되었다. 뿐만 아니라 성경을 볼 수 있는 영적인 시각을 갖게 해주시는 것을 물론, 하나님과 보다 친밀해질 수 있도록 많은 도움을 주셨다. 이전까지 내가 어울리던 사람과는 절대 나눌 수 없었던 하나님에 대한 이야기들도 함께 나눌 수 있었다. 심지어 그런 교제의 시간들이 술친구들과 어울렸던 것보다 즐거워지기 시작했다. 아니, 비교할 수 없을 정도로 좋았다.

그리고 전도사님과의 특별한 영적 교제와 만남이 있던 그 시기, 나는 인생 최고의 선물을 받을 수 있었다. 그 선물은 바로 하나님과의 인격적인 만남이다.

하나님과의 거리가 조금씩 가까워지던 어느 날, 안수를 받다가 성령을 받게 되었다. 말로만 듣던 그런 일이 나에게도 일어났다. 솔직히 그때의 심정을 표현하기는 어렵다. 하지만 분명히 깨달았다. 하나님이 살아 계시다는 것을…. 그리고 하나님이 나를 사랑하신다는 것을….

솔직히 하나님이 살아 계시다는 말, 하나님이 우리를 사랑하신다는 말은 교회 안에서 수도 없이 듣는 문구였다. 귀에 못이 박히도록 들어서, 한 귀로 들어왔다가 그대로 한 귀로 나가 버리는 그런 말에 불과했다.

특히 방황하던 시기에는 내가 가장 적대시하던 말이기도 했다. 의미 없는 말인 정도가 아니라, 모순된 말이라고 생각하며 그런 표현들 자체를 혐

오했다.

그랬던 내가…. 이제 알게 되었다. 하나님이 살아 계신다는 것을 처음으로 알게 되었고 하나님이 나를 사랑하신다는 것 역시 처음으로 알게 되었다. 한때 하나님을 믿는다고는 했지만 살아 계신 하나님이 지금 이 순간에도 나를 지키시고 살피신다는 것은 알지 못했다. 하나님은 그저 관념 속에 있는 신일뿐이었다. 그래서 힘들고 지치고 막막해도 의지할 수가 없었다. 하나님의 실체를 느끼지 못하니 도움을 청할 수도 없었고 하나님으로 인해 희망을 가질 수도 없었다. 기도를 한다고 해도 형식적인 종교의식을 치르듯 기도했을 뿐, 단 한 번도 하나님과 인격적인 관계 안에서 대화해 본 적은 없었다. 그런데 이제는 믿을 수 있게 되었다. 내가 쓰러져 있을 때 일으켜 세우실 분이 계심을…. 아무것도 보이지 않은 막막한 순간에도 하나님은 나를 밝은 곳으로 인도해 주심을…. 아무리 억울하고 답답한 일이 생겨도 하나님은 다 아시고 하나님의 방법으로 해결해 주심을…. 이제야 알게 되었고 이제야 믿을 수 있게 되었다. 태어나서 처음으로 하나님이 '정말로' 살아 계신다고 당당히 말할 수 있게 되었다.

그리고 하나님이 나를 사랑하신다는 사실도 그날에야 알았다. 이미 하나님은 나를 그토록 사랑하시고 은혜를 부어 주셨지만, 나는 몰랐다. 그전까지는 몰랐고 모른 척했다. 성령이 역사하신 그날에야, 나는 하나님으로부터 그 고백을 직접 듣고 그 마음을 분명히 확인할 수 있었다.

"종수야. 내가 너를 사랑한다."

그 한 마디에 모든 게 무너져 내리는 것만 같았다. 아무 생각이 들지 않았고 그냥 눈물만 쏟아졌다. 과거에 교회에서 "하나님은 당신을 사랑하십니다."라는 말을 수도 없이 들었는데 지금에야 그것이 진짜임을 알게 되었다. 수만 번을 들어도 눈물 한 방울 나지 않았던 내가 몸에 있는 모든 수분을 쏟아내는 것 마냥 울고 또 울었다. 솔직히 인간의 몸에 이렇게 많은 물이 있나 싶을 정도로 눈물이 그칠 줄 몰랐다. 오랫동안 고통과 외로움 속에서 지내던 고아가 잃어버렸던 부모님을 만난 것처럼 감격과 기쁨을 주체할 수 없었다.

순간 과거의 기억들이 파노라마처럼 스쳐지나갔다. 내가 하나님의 존재와 그분의 사랑을 믿을 수 없는 증거로 제시했던 것들이 떠오르면서, 회개가 절로 나왔다. 하나님이 살아 계시다면, 나를 그렇게 아프게 만들 수 없었을 거라 단언했던 그 오만했던 기억, 하나님이 나를 사랑하신다면 우리 가족에게 그런 시련과 고난을 없었을 거라 주장했던 그 완고했던 기억이 하나씩 하나씩 떠올랐다. 더 나아가 나의 존재가 자체가 없어져야 마땅하다고 주장했던 과거의 내 모습이 보였다.

그런데 그런 나를 하나님이 사랑하신다니…. 없는 게 나을 뻔했다고 생각하며 의미 없이 이 세상을 살던 나를 가장 위대하신 분이 사랑하고 계신다니…. 그리고 그동안의 모든 아픔과 고통이 나에게 더 큰 은혜를 주시기 위함이었다니….

솔직히 그날의 느낌은 표현하기가 어렵다. 직장에서 아무도 나를 인정해주지 않아 비관하고 있는데, 가장 높은 지위에 있는 분이 나타나 나의 실력을 인정해 주고 나를 믿는다고 해주면 어떨까? 너는 이 회사에 꼭 필요한 사람이라고 말해 준다면 어떨까? 아마 그 자리에서 눈물을 흘리며 감격하지 않을 사람은 없을 것이다. 혹은 너무나 대단하다고 생가하며 흠모하던 누군가가 나에게 다가와 나를 사모해 왔다고 고백한다면 어떨까?

세상 직장에서 인정을 받거나 세상 사람으로부터 사랑 고백을 받아도 형용할 수 없을 정도로 기쁜데, 하물며 지금 그 상황은 그런 경우와는 비교도 할 수조차 없는 감격스런 상황이다. 다른 누구도 아닌 하나님이 나의 존재에 가치를 부여하시고 '너 없이는 안 된다'고 사랑을 고백하시는데, 그날의 내 마음을 어떻게 표현할 수 있을까.

우리가 아직 죄인 되었을 때에 그리스도께서 우리를 위하여 죽으심으로 하나님 께서 우리에 대한 자기의 사랑을 확증하셨느니라 (롬 5:8)

그 하나면 충분하다

부교역자 면접을 볼 때, 절대적으로 중요시하는 것이 있다.

'하나님과 인격적이 만남!'

하나님과의 인격적인 만남이 있었음을 자신 있게 고백할 수 있는지를 우선적으로 본다. 하나님께로부터 '내가 너를 사랑한다.'는 고백을 분명히 들은 사람과 그렇지 않은 사람의 삶을 완전히 다르다.

특히 사역자라면 더더욱 그렇다. 성도들에게 하나님의 사랑을 전해야 할 사역자라면, 먼저 그 사랑 안에 들어가 있어야 한다. 하나님의 사랑을 느껴야 그 사랑을 생생히 전할 수 있고 말이 아닌 마음으로 증거할 수 있다.

또한 하나님의 살아 계심을 일상에서 느끼며 살아가는 사람과 그렇지 않은 사람의 삶 역시 완전히 다를 수밖에 없다. 하나님의 존재를 실제적으로 느끼는 사람은 하나님을 두려워할 줄 알기에 죄 앞에서 브레이크를 건다. 정직하지 않을 수 없고 진실하지 않을 수 없다. 또한 어떤 위기와 고난과 억울함 속에서도 하나님이 희망이 되시기에 버틸 수 있고 이겨낼 수 있다.

적어도 그런 사람이 사역자라면 성도들에게도 하나님이 어떤 분이신지를 보다 분명하게 소개해 줄 수 있고, 하나님의 자녀로 산다는 것이 얼마나 행복한지를 알려줄 수 있다.

그만큼 중요한 것이 하나님과의 만남이다. 다른 것, 필요 없다. 그거 하나면 충분하다. 그 하나면 족하다. 하나님이 나를 사랑하신다는 그 고백 하나만으로도 나의 하루는 행복해지고 나의 인생은 완벽해진다.

나눔과 질문

Q1. 하나님과 처음으로 인격적인 만남을 가졌을 때를 떠올려 보자.

Q2. 하나님과의 첫사랑을 회복하려면 어떻게 해야 할까?

Blossoming

A flower before blossoming.
It's a new life like a miracle.

선택이 맞는지
채점을 할 때
기도라는 답지를 보라

선택이 맞는지 채점을 할 때
기도라는 답지를 보라

들어가기 전에

살다 보면 갈등을 피할 수 없다.

혼란을 면할 수 없다.

아무리 최선을 다해도

막다른 골목에 다다르면

어찌할 바를 모를 것만 같다.

둘 중 하나만 선택해야 하는 그 순간에는

정말이지 난감함과 당혹스러움에서 헤어 나올 수가 없다.

정답을 알 수 있다면 얼마나 좋을까.

돌파구가 어디인지 안다면 얼마나 좋을까.

가야 할 방향을 정확히 안다면 얼마나 좋을까.

그런데 우리는 알 수 있다.
당장이라도,
지금 이 순간에라도
바로 알 수 있다.

하나님의 자녀인 우리에게는
기도할 수 있는 능력이 있기 때문이다.
언제든 하나님께 말을 걸 수 있는 자격이 있기 때문이다.

그 어떤 경로를 거칠 필요도 없다.
직통으로 그분께 아뢸 수 있다.
그 어떤 눈치도 보지 않고 물어볼 수 있다.

기도할 수 있다는 것,
기도를 통해 하나님의 뜻을 알 수 있다는 것,
그 은혜가 얼마나 값진 것인지를
다시 한번 고백해 본다.

그리고 우리의 기도를 기다리시는 하나님 앞에
오늘도 기쁘게 나아간다.

예상치도 못한 길이 열리는 것 같았던 그때

존경하지만 한편으로 부담스러운 원로목사님이 아직은 애송이 전도사에 불과한 나에게 다가와 한마디 하셨다.

"김전도사. 있다 내 방으로 와봐."

"네에?"

"…?"

"아, 네. 네."

갑작스런 원로목사님의 호출에 괜히 가슴이 벌렁벌렁해졌다. 원로목사님이 부교역자, 그것도 전도사를 직접 부르는 이유가 무엇일까? 도무지 예측이 되지 않았다. 그 순간에는 없던 잘못도 갑자기 생겨날 것만 같다.

'가만…. 내가 잘못한 게 있나?'

'아닌데, 특별히 잘못한 게 없는 것 같은데.'

'아니야. 내 딴에는 잘못한 게 없지만 원로목사님 보시기에는 뭔가 문제가 있었을지도….'

나를 호출하신 원로목사님은 우리 교단의 큰 어른이셨고 교단에서는 물론 교회 안에서도 존경받는 분이셨다. 그러니 더 떨릴 수밖에 없었다. 원로목사님이 대체 왜….

일단 떨리는 마음으로 원로목사실로 갔다. 무슨 연유인지는 모르겠지만, 혼이라도 내시면 달게 받을 심산이었다. 문을 배꼼 열고 들어가 쭈뼛쭈뼛

하게 서 있는데, 목사님은 나를 보시더니 설교 이야기부터 꺼내셨다.

"김전도사, 자네 설교…."

설교라는 두 글자를 듣자, 어찌할 바를 몰랐다. 올 것이 왔구나 싶었다.

'아…. 설교가 문제였구나…. 다른 것이 아니라 설교가 문제였어….'

분명 내 설교에 문제가 있었던 게 분명하다. 다른 잘못이면 담임목사님이나 선임목사님을 통해 훈계하실 텐데, 워낙 중요한 설교에 무슨 문제가 있어 원로목사님께서 이렇게까지 직접 나서는 게 아니겠는가. 순간, 설교에 대해 안 좋은 이야기라도 오고갔나 싶었다.

"음…. 앞으로 자네 설교를 내가 녹음할 거야."

"네?"

"어디 보자…. 수요일…. 그래, 수요일이 좋겠다. 수요일에 내 방으로 오면 내가 녹음한 걸 듣고 평을 해줄 거야."

아무 말도 나오지 않았다. 원로목사님께서 어린 전도사를 위해 이런 배려를 해주시다니…. 원로목사님 방에 들어오기 전까지만 해도 전혀 상상할 수 없었던 일이 아닌가. 혼 안 나면 다행이라고 생각했는데, 혼은커녕 특별한 기회를 허락하시다니…. 너무 감사해서 말이 나오질 않았다.

"…."

"왜? 싫은가? 왜 대답이 없어?"

"아, 아닙니다. 감사합니다. 정말 감사합니다."

특별히 어떤 칭찬을 해준다거나, 격려를 해주신 것도 아니다. 그러나 나는 그것이 그 어떤 말보다 더 큰 격려임을 알 수 있었다. 설교하는 것을 봐주시고 피드백 주신다는 자체가 뭔가 가능성을 인정해 주신다는 것만 같아 큰 힘이 되었다.

무엇보다 원로목사님께서 직접 녹음을 해주신다는 것도 감사한 일이었지만, 그것을 듣고 좋았던 부분, 조금 부족했던 부분까지 세심하게 조언해 주신다고 하시니, 말씀사역자로서 큰 영광일 수밖에 없었다.

그 이후로 나는 수요일을 손꼽아 기다렸다. 수요일마다 원로목사님 방에 가보면 원로목사님은 준비해 놓은 A4용지를 꺼내놓고 기다리고 계신다. 그 종이 위에는 내 설교에 대한 피드백이 적혀 있었고 목사님은 자신이 쓴 내용을 하나씩 보시면서 설명해 주셨다.

"김 전도사. 서론에서 이 부분은 좋았고 이 부분은 조금 부족했던 것 같아."

"본문 내용을 관찰, 분석한 거…. 이건 좋았는데 이건 좀…."

"음…. 다 좋았는데 결론이 조금 약했고…."

"어…. 그다음엔 어디 보자…. 뭐지? 글씨가 뭔 글씬지 모르겠네. 허허. 내가 써놓고 나서도 내 글씨를 못 알아봐. 허허. 이거 자네가 보고 알아서 판단해. 허허."

사실 그 시절만 해도 부교역자에게 설교를 맡기는 일이 흔치 않았던 만큼, 부족한 전도사에게 설교 기회를 주신 것부터가 감사했다. 그런데 이런 배려까지 해주시니 어찌할 바를 몰랐다. 피드백을 받을 때마다 긴장도 되었지만, 그런 평가를 통해 부쩍 설교가 발전해 가는 것을 느낄 수 있어 매주 그 시간을 기다릴 수밖에 없었다. 그 모든 것이 하나님의 은혜였다.

그러던 어느 날, 수요일도 아닌데 원로목사님께서 호출하셨다. 한동안 원로목사님 방에 갈 때마다 기대하는 마음을 안고 들어가곤 했는데, 다른 날에 갑자기 호출을 하시니 괜히 긴장이 되었다.

'이번에 무슨 일 때문이지? 이번엔 진짜 나에게 무슨 문제가 생긴 건가? 성도님 중 누가 내 설교에 대해 문제를 제기했나?'

이런저런 생각을 하며 원로목사님 방으로 갔다.

"김전도사. 내가 보니 자네는 하나님 만난 체험도 있고…. 복음에 대한 열정도 특심이고…."

무슨 말씀을 하시려는 것인지 도무지 감이 잡히지 않았다. 일단 떨리는 마음으로 듣고만 있었다. 그런데 예상치 못한 단어가 등장했다.

"그래서 말인데, 미국…."

'미국? 내가 아는 그 미국을 말씀하시는 건가? 아니면 잘못 들었나?'

미국이란 두 글자만 들었을 뿐인데, 머릿속에 수만 가지 생각이 맴돌았다. 원로목사님은 아무렇지 않게 말씀을 이어가셨다.

"미국 가서 공부하면 더 좋은 목사가 될 텐데. 미국 가서 공부하고 오는 건 어떤가? 내가 길을 열어 줄 수 있을 것 같은데…. 내가 미국에서 사역하면서 공부할 수 있는 교회를 소개해 줄 테니 미국에 가서 공부하고 오게나."

역시나 대답이 나오질 않았다. 미국이라니. 미국이라니! 고민할 필요가 어디 있는가? 그토록 하고 싶은 공부를 하게 되었는데…. 그것도 미국에서! 무엇보다 원로목사님이 그 말씀을 해 주신다는 게 믿기지 않았다. 매번 설교 평을 해주시는 은혜도 모자라 그런 제안을 해 주시다니….

솔직히 뭐라고 대답했는지 기억도 나질 않는다. 설레고 벅차 어찌할 바를 몰랐다. 얼마나 기뻤는지, 제안에 대한 감사의 뜻만 간단히 표하고 나와 버렸던 것 같다. 원로목사실을 나오고 나서도 마냥 두근거릴 뿐이었다. 이미 미국 땅에 와 있는 양, 마음이 들떠 있었다.

얼마 후, 그 소식을 들은 선임목사님 역시 적극적으로 지지해 주셨다.

"김전도사. 무조건이지! 망설일 게 뭐 있어? 미국에 가서 부교역자 사역도 하고 공부도 하면 비자도 생긴다며…."

"참! 사모가 피아노 전공이라고 하지 않았나? 그것도 딱이구먼. 피아노 전공이면 미국 생활할 때 꽤 유리해."

솔직히 선임목사님께서 무조건 하라고 하지 않으셔도, 할 생각이었다. 망설이지 말라고 하셨지만, 이미 나에게 망설임은 없었다. 하지 않을 이유가 어디 있단 말인가? 망설일 필요가 어디 있단 말인가?

무릎을 꿇기 전까지는 답을 알 수 없다

안 갈 이유도 없고 못 갈 이유도 없었다. 이제 짐만 싸면 된다. 하지만 인간적인 조건이 다 충족되었음에도 불구하고 절대 기도하는 것을 빠뜨려서는 안 된다. 하나님의 뜻은 구해야 하지 않겠는가. 물론 교회 차원에서 유학을 이렇게 밀어주시는 게, 이미 하나님의 뜻이라 생각했기 때문에 이것을 믿어 의심치 않았다. 이렇게까지 길이 열릴 정도면, 하나님의 온전한 계획인 것이나 다름없지 않은가.

"하나님. 이렇게 길을 열어 주시니 감사합니다! 하나님의 뜻인 줄 믿고 준비하겠습니다. 감사합니다."

기도를 하긴 하되, 일방적인 감사기도만 드렸다. 어차피 결과는 달라질 게 없을 것이니까. 그러고는 귀를 닫았다. 그야말로 하나님의 뜻을 구하는 기도라기보다, 눈 딱 감고 이 상황을 받아들이겠다는 통보에 가까운 기도였다.

그런데 이상했다. 기도를 하는데 과거에 들었던 설교 메시지가 자꾸만 떠올랐다.

"열린 길이라고 무조건 가지 말고, 먼저 기도해 보고 나아가라."

옛날에 내가 했던 설교 말씀의 일부 내용이었다. 평소에 되새겼던 말씀도 아니었는데, 갑자기 그 말씀이 생각난 것이다. 평소에 끄집어내지도 않았던 그 말씀이 왜 하필 지금 나에게 새롭게 다가온 것일까? 괜히 불안했다. 이 메시지가 지금 튀어나오면 안 되는데….

외면하고 싶었지만 아무래도 다시 무릎을 꿇어야 할 것 같았다. 하나님께 통보하듯이 기도하는 것이 아니라, 기도다운 기도, 하나님의 뜻을 온전히 구하는 기도를 해야 할 것 같았다. 집에서 가까운 에덴 기도원에 저녁마다 올라갔다. 하나님의 뜻을 묻고 하나님의 인도하심을 구하기 위해 제대로 기도해 볼 요량이었다.

그렇게 시작된 작정기도…. 그러나 여전히 내 기도는 편파적이었다. 하나님의 뜻을 온전히 구하겠다고 하긴 했지만, 이미 마음은 콩밭에 가있는 터라 내 주관대로만 기도할 뿐이었다.

"하나님, 유학 가는 게 하나님 뜻 맞는 거죠?"

"이 정도까지 인도해 주셨으면, 미국 유학이 하나님 뜻 맞는 거잖아요. 그렇잖아요."

"그러니까, 확실하게 그렇다고 말씀해 주세요."

"아니, 근데 왜 정확하게 응답을 안 주시는 거예요? 하나님. 이게 하나님 뜻 맞는 거 아니에요?"

응답이 없다. 하나님은 아무런 반응이 없다. 듣고도 일부러 반응을 안 하시는 게 분명하다.

하도 응답이 없자, 나중에는 아예 강요하듯 기도했다. 협박인지 기도인지 구분이 안 될 정도였다.

"하나님! 그냥! 유학가게 해 주세요!"

그런데 이상했다. 분명 반협박으로 기도를 시작했는데 한참 기도하다 보면 어느 순간 기도 방향이 바뀌어져 있었다. 심지어 생각해 본 적도 없고 생각조차 하기 싫었던 개척에 대한 기도를 하고 있었다.

"하나님, 하나님께서 교회를 세우고자 하신다면…."

"개척이 하나님의 뜻이라면, 하나님의 인도하심 가운데 개척을 하게 하시고…."

마치 취업 문제를 두고 기도를 시작하다가 주의 종의 길을 가겠노라며 기도가 마무리되던 것과 비슷한 상황이었다. 그때도 처음에는 내 의지대로 기도하다가, 성령이 내 기도를 주관하시면서부터는 그 기도의 내용이 바뀌어갔는데…. 지금도 같은 상황이었다.

'이럴 줄 알았으면 기도원 오지 말고 그냥 유학 떠나 버릴 걸.'

후회도 되었다. 모른 척하고 떠났으면 되지 않았을까? 굳이 이렇게 기도원까지 와서 이 사단을 만든단 말인가. 부교역자 사역도 아니고 개척이라니….

하지만 후회한다고 해서 하나님이 내버려 두실 리 없었다. 하나님은 개척을 두고 더 간절하게 기도하게 하셨다. 기도의 흐름이 개척으로 향할 때마다 입을 막아 보려고 했지만, 하나님의 뜻은 꺾을 수 없었다. 나도 한 고집 한다지만, 하나님의 뜻 앞에서는 속수무책이었다.

개척? 남자가 절대 해서는 안 될 일!

사실 신대원 졸업 즈음하여, 개척을 생각하지 않았던 것은 아니다. 하지만 '개척이냐, 부교역자냐, 유학이냐'라는 세 가지 선택지 안에 명목상 들어 있었던 것일 뿐이지, 그쪽으로 마음이 기운 적은 없었다. 그냥 형식적으로 선택지 안에 끼워 넣었던 것이다.

심지어 남자가 하지 말아야 할 것이 개척이요, 절대 해서는 안 될 것이 개척이라고 생각했던 나였다. 한마디로 '절대 개척은 하지 않는다.'가 내 원칙이었다.

'누군가는 개척을 해야 한다. 하지만 나는 아니다.'

'개척할 사람은 따로 있다. 물론 나는 아니다.'

'누가 봐도 나는 개척할 스타일은 아니다.'

'어딜 봐서 내가 개척을….'

개척에 대한 두려움을 가지고 있었던 것은 작은 개척교회를 섬겨 보았던 경험이 있기 때문이었다. 성도가 세 명뿐인 개척교회를 섬겼던 시절…. 그 교회는 내가 하나님을 처음 인격적으로 만나고 난 뒤, 출석하기 시작했던 교회였다. 그 교회를 정했던 데에도 나름에 이유가 있었다. 당시 나는 교회를 정하는 것과 관련하여 한 가지 소망을 가지고 있었다.

'가장 작은 교회를 섬기고 싶습니다!'

하나님을 만나고 난 직후였기에, 가장 소중한 것을 하나님께 모두 드리고 싶었다. 하지만 내가 가진 것은 아무것도 없었다. 가진 것이라고는 나의 몸뿐…. 찬송가 가사처럼 몸밖에 드릴 것 없기에 이 몸을 드리고 싶었다.

'나의 몸, 나의 삶을 가장 최고의 가치로 드릴 수 있는 곳은 어디인가?'

'그래 개척교회다! 아무도 없는, 가장 작은 개척교회에서 몸으로 봉사하

자!'

그렇게 해서 오게 된 곳이 그 교회였다. 그땐 모든 예배를 참석하는 것은 물론, 몸으로 하나님께 제물 삼을 수 있는 게 있다면 무엇이든 다 하고자 했다.

당시 성도가 세 명이었는데, 주일 낮, 주일 밤, 그리고 수요예배 대표기도를 세 명이서 돌아가며 했다. 그때 얼마나 정성껏 기도문을 작성했는지 모른다. 또한 매일 새벽과 저녁에 시간을 정해 기도를 드리곤 했는데, 그때마다 교회의 목사님과 부흥을 위해 기도하면서 정말 많은 눈물을 흘렸다.

그만큼 개척교회를 섬겼을 때의 기억은 나에게 너무 소중하게 남아있다. 하지만 성도로서 개척교회를 섬기는 것과 담임목사로서 개척교회를 섬기는 것은 차원이 다르다. 정말이지 그 당시엔, 고생하는 목사님을 생각하면 한없이 눈물이 나곤 했다. 세상에 태어나서 남자가 하지 말아야 할 일 가운데 하나가 개척교회 목회자라고 생각하기 시작한 것도 바로 그때부터였다. 인간적인 생각이기는 하지만, 그만큼 목사님께서 얼마나 고생하시는지를 생생히 목격하곤 했었다.

그러니 개척교회를 다니는 것은 좋지만 개척교회의 담임목사가 되는 것에 대해서는 거부감을 가질 수밖에 없었다. 당시 개척교회 목사님에 대한 존경심은 어마어마했지만, 존경심이 컸던 만큼 나는 그 자리에 갈 수 없다고 생각한 것이다. 그리고 그것을 일종의 겸손으로 포장하기까지 했다.

하지만 그러면 뭘 하는가. 하나님은 계속 개척에 대한 기도만 하게 하시는데…. 무엇보다 하나님은 유학에 대한 설레는 마음을 점점 사라지게 만들어 주셨다. 처음 그 제안을 받았을 때는 세상을 다 가진 것처럼 기쁘고 설렜는데, 시간이 지나고 기도를 하면 할수록 유학에 대한 기대감 자체가 사라졌다. 기도를 마치고 일상에 돌아와서도 유학을 생각하면 그다지 즐겁지가 않았다. 뭔가 아니다 싶은 생각이 든다고나 할까?

더 이상 유학은 아닌 게 분명했다. 그리고 개척이 하나님의 뜻이라는 확신이 들었다. 이제 보다 정확한 하나님의 응답을 구해야 할 것 같았다. 개척에 대한 기도가 나도 모르는 사이에 계속되고 있지만, 분명하게 '개척하라'는 응답을 받은 것은 아니니 그 부분을 두고 다시 기도할 필요가 있었던 것이다.

이번에는 아예 열흘을 작정했다. 물론 부교역자로 사역하고 있었던 만큼 교회에 양해를 구해야 했다.

"목사님. 열흘간 금식기도를 하고 싶은데 그동안만 좀 교회를 빠져도 될까요?"

솔직히 교회로부터 이런 반응이 나오길 기대하기도 했다.

"부교역자가 열흘씩이나? 그건 좀 어렵지."

그러나 현실은 달랐다.

"열흘간 기도원에서 작정 기도? 그것도 금식하면서? 아주 좋은 생각이야! 기도하면서 뭔가를 결정해야 하나님의 인도하심도 있고 무엇보다 후회도 없지…. 염려하지 말고 기도하고 오게나."

하나님의 뜻이어서 그런가? 너무도 흔쾌히 허락해 주셨다. 눈치를 주시기는커녕, 격려와 칭찬을 더해 주시는데, 하나님의 인도하심이 느껴졌다.

그렇게 나는 강도 높은 작정기도에 들어갔다. 강남금식기도원으로 가서 금식기도를 하는데, 역시나 하나님은 아주 명확하게 응답을 주셨다.

"개척이다!"

너무나 선명했다. 그 어떤 여지도 없이 선명하게 말씀해 주셔서 오히려 당황스러웠지만, 그래도 마음이 후련했다. 하나님의 정확한 뜻을 깨달았으니….

이후 기도의 내용도 완전히 바뀌었다. 개척이 분명해졌으니 이제는 개척에 대한 기도만 하면 되었다. 유학에 대해서는 더 이상 언급할 것도, 생각할 것도 없었다.

"네. 하나님. 그럼 제 뜻을 포기하고 개척하겠습니다."

처음 주의 종으로 부름 받을 때도 하나님은 기도를 시키셨다

사실 이런 경우가 처음이 아니었다. 처음 주의 종으로 부름 받을 그 시기에도 갈등이 있었다. 온전히 기도로 무릎 꿇기 전에는 이런저런 생각이 많았다. 뭔가 목회가 하나님의 뜻인 것 같으면서도 최대한 밀어내려고 했고 떨쳐 내려고 했다.

그러나 헷갈리면 헷갈릴수록 하나님은 기도하게 하셨다. 그때도 하나님은 7일간, 나와의 독대를 청하셨다. 주의 길을 가라고 하시는 하나님…. 아무래도 주의 길은 아닌 것 같은 나…. 도무지 감이 잡히지 않은 이 상황에서 내가 할 수 있는 것이라고는 기도밖에 없음을 알게 하신 것이다.

그 상황에서 기도하는 것처럼 현명한 방법은 없었다. 헷갈리면 헷갈리는 만큼 기도를 더 하면 되는 것이었다. 혼자 고민하는 것보다 하나님께 정답을 물어보는 게 더 나은 길이니까.

솔직히 그때 망설여졌던 이유 중 하나는 경제적 문제였다. 당시 하나님과 인격적인 만남도 했고 하나님을 위해 헌신하며 살고 싶다는 마음을 품던 시기라, 주의 종으로 부르신다는 손길이 싫지는 않았다. 솔직히 감사했다. 특히 그땐 내 안에 있는 복음의 열정 역시 뜨거워져만 갔다. 일단 나 자신이 구원의 기쁨과 복음의 열정으로 충만해지다 보니, 복음을 전하지 않고서는 견딜 수가 없었다.

하지만 현실적인 경제문제가 나를 발목 잡았기에 망설일 수밖에 없었다. 나는 그동안 지속적으로 취업을 준비했을 정도로 빨리 돈을 벌어야 했던 사람이었다. 그런데 취업은커녕, 신학공부를 하라니…. 공부를 한다는 것은 적지 않은 돈이 더 들어가는 일인데 어떻게 과감하게 그 길을 선택한단 말인가.

더욱이 두 살 아래인 내 동생은 당시 동국대학교 경찰행정학과에 재학 중이었다. 만약 이 상황에서 나까지 신학을 한다면, 돈은 어마어마하게 들어간다. 한마디로 내가 학교에 들어간다는 것은 말이 되지 않는 일이었다.

현실적으로 불가능했다. 누구 하나가 공부를 하려면 누구 하나는 돈을 벌어야만 하는 게 정석이고 맞는 일이었다.

하지만 하나님은 고민하거나 갈등할 그 시간에, 집중해서 기도하도록 이끌어 주셨다. '내가 답을 줄 텐데 왜 혼자서 고민이냐?'라고 말씀하시는 것만 같았다. 그리고는 먹는 것조차 단절한 상태에서 주님께만 매달리는 금식기도를 하게 하셨다. 개척을 두고 기도할 때처럼 그때도 동일한 방법으로 인도하셨다.

솔직히 너무 힘들었다. 일주일 금식이 이렇게 힘든 줄 몰랐다. 기도가 나오기 힘들 정도로 배가 고팠다. 그런데 이때 더 답답하고 힘들었던 것은 도무지 응답이 들리지 않는다는 것이었다. 일주일 동안 창자가 끊어지도록 부르짖고 기도하는데 아무런 응답이 없었다. 이 정도로 기도하는데, 왜 아무런 말씀이 없는 것인지, 그 사실이 나를 더욱 지치게 만들었다.

집회가 끝나고 간증하는 시간이 있어서, 앞에 나가 간증을 하게 된 적이 있는데 이때도 당혹스러웠다. 솔직히 뭐라도 듣거나 보아야 간증을 할 텐데…. 그때까지만 하더라도 간증할 만한 것이 없었다. 하지만 아무것도 보이지 않는 것이 그 순간에는 오히려 간증거리 같았다. 그래서 솔직하게 고백했다.

"솔직히 지금은 아무것도 보이지 않고 잡히지 않습니다."

"그러나 하나님께서 나의 앞길을 가장 좋은 것으로 준비해 주실 줄로 믿습니다."

내 간증이 끝나자 기도원의 원장님이 은혜를 받으셨는지 다음 날 설교에서 나의 이야기를 꺼내셨다. 그러고는 이런 말씀을 덧붙이셨다.

"그 청년의 믿음대로, 그의 앞길을 하나님께서 가장 좋은 길로 인도해 주실 것입니다."

그제까지 아무 응답도 받지 못한 나에게 그 말씀은 큰 위로와 힘이 되었다. 현실은 아무것도 변하지 않았지만, 간증 내용 그대로 하나님을 신뢰할 수 있었고 원장님의 설교말씀대로 미래에 대한 희망을 가질 수 있었다. 나의 삶을 하나님께 맡기면 하나님이 가장 좋은 길로 인도하여 주신다는 것만큼은 부인할 수도, 부정할 수도 없는 확실한 사실이었으니까.

드디어 마지막 7일째가 되었다. 점심 즈음, 몸이 너무 지쳐서 잠시 숙소에 왔는데 그만 잠이 들었다. 그리고 꿈을 꾸었다. 꿈이라고 할 수 없을 정도로 생생한 꿈, 현실과 다름없어 보이는 그런 꿈을 그 자리에서 꾸었다. 어떻게 꿈이 이토록 생생할 수 있는지…. 꿈의 내용은 이렇다.

꿈속에서 나는 아버지의 호주머니를 보게 되었다. 신기하게도 아버지의 호주머니에 엄청난 돈이 들어있었다. 문제는 그 누구도 아버지의 호주머니에 돈이 많다는 사실을 모르는데 나만 그 사실을 알고 있었다.

그리고 그 돈은 우리나라 지폐가 아니었다. 하지만 돈인 것은 분명했다. 나는 너무 기쁜 나머지 그 돈을 사람들 앞에서 뿌리면서 춤을 추었다. 나는 춤을 추는데, 사람들은 의아해 했다. 기뻐하기는커녕, 이상하게 볼 뿐이었다. 오로지 나만이 알고 나만이 누리는 기쁨이라고나 할까.

꿈에서 깨어났다. 깨는 순간, 꿈에 대한 해석이 저절로 되었다. 꿈에 등장한 우리 아버지는 나의 영적 아버지이신 하나님 아버지시다. 그리고 그 사실을 나만 안다는 것은, 주머니 속의 돈이 나를 위해 준비된 것임을 의미한다.

꿈이 해석되는 순간, 자동적으로 응답이 되었다. 신학을 하는 것이 하나님의 뜻임을…. 어떻게 보면, 응답은 이미 주어졌다. 내가 하나님께 신학을 하고 싶다고 말한 것도 아니고, 하나님이 먼저 지시하신 것이 아닌가. 말씀으로까지 확인시켜 주지 않았는가. 하지만 현실의 장벽과 인간적인 부담으로 고민하느라 여기까지 온 것이 아닌가. 그렇게 나는 '이미 주어진' 하나님의 응답을 그날에서야 완벽하게 확신하게 되었다. 정답을 알면서도 한참을 고민하던 나를 위해 하나님은 아예 정답지를 눈앞에 들이미신 것이다. 더 이상은 혼란스러워하지 않을 정도로….

기도할 수 있다는 것, 그리고 기도를 통해 나에게 응답을 주신다는 것. 이것처럼 감사한 일도 없다. 가장 위대하고 높으신 하나님의 생각을 '언제든지' 여쭈어볼 수 있다는 게 얼마나 큰 영광인가. 인생의 기로 앞에서 내가 선택해야 할 길을 언제든지 분명히 알려 주시니….

어떤 사람은 선택의 기로 앞에 섰을 때, 많은 복채를 들고 무당이나 점쟁이에게 찾아가는데 하나님은 그 어떤 대가도 없이 무료로 알려 주신다. 심지어 무당이나 점쟁이들은 정답을 알려 주지도 않는데 하나님은 완벽한 정답만 알려 주신다. 물어보지 않아서(기도를 하지 않아서) 못 들을 뿐이지, 물어보는 자들에게는 무조건 알려 주신다.

하나님이 자녀로서 누릴 수 있는 이 특권! 그 기도의 권리를 오늘도 마음껏 누리고 싶다.

구하라 그리하면 너희에게 주실 것이요 찾으라 그리하면 찾아낼 것이요 문을 두드리라 그리하면 너희에게 열릴 것이니 구하는 이마다 받을 것이요 찾는 이는 찾아낼 것이요 두드리는 이에게는 열릴 것이니라 (마 7:7-8)

나눔과 질문

Q1. 기도 없이 인간적인 계획에 따라 움직이다가 낭패를 보았던 경험이 있는가?

Q2. 여러 선택의 기로 앞에 놓였을 때, 내가 우선순위에 두는 것은 무엇인가?

Chapter 6

순종할 때는
그 어떤 비용도
들지 않는다

Chapter 6

순종할 때는
그 어떤 비용도 들지 않는다

들어가기 전에 ─────────────────────────

순종,
한때 나에게 있어 순종은 '부담'이었다.
'피하고 싶은 것'이자
'면하고 싶은 것'이었다.

순종의 길은 그저 험난해 보였고
외로워 보였다.
한마디로 내가 갈 길이 아니라고 생각했다.

그러나 순종….

그것은 어려우면서도 쉬운 것이었다.

힘들면서도 편한 것이었다.

그야말로 인간이 이해하기 힘든 역설을 지니고 있었다.

누가 보아도 가기 힘든 처절해 보이는 길이지만

순종하겠다고 결단하는 그 순간부터는 편해지는 것,

그것이 순종의 길이었다.

너무나 무거워 보이지만

그 짐을 든 순간부터는 한없이 가벼워지는 것,

그것이 순종의 무게였다.

하나님은 순종하겠다고 하기만 하면

그때부터는 다 밀어주시고 다 이끌어 주셨다.

다 열어주시고 다 짊어져 주셨다.

그리고 단 한 순간도 외롭지 않도록

늘 함께해 주셨다.

하나님의 계산법은 우리의 계산을 초월한다

한참을 올라간다. 고개를 들어보니 한참 더 남았다. 집까지 걸어가는 여정은 20대의 장정인 나에게도 꽤나 벅찬 일이었다. 같은 거리라도 평지라면 부담 없이 걸을 수 있겠지만 끝이 안 보이는 오르막길은 늘 버거울 뿐이었다.

서울 돈암동 미아리 고개, 그리고 그 고개의 끝자락에 바로 내가 동생과 지내던 자취방이 있었다. 지금이야 아파트가 들어서 있지만 그 시절만 해도 그곳은 달동네나 다름없었다. 거기에 미아리 고개에서도 제일 꼭대기에 위치한 우리 집은 그 고개 안에서도 가장 취약하고 열악한 집이었다. 서울 한 공간에 자취방을 얻을 수 있었다는 것만으로도 너무나 감사한 일이었고 기적에 가까운 일이었지만, 그럼에도 달동네 단칸방살이가 힘든 건 부정할 수 없는 사실이었다.

그런 동네, 그런 집에서 살고 있다면 공부를 하면 안 되었다. 열심히 돈을 버는 게 맞았다. 심지어 동생이 이미 대학에 다니고 있다면, 더더욱 공부를 하면 안 되었다. 오히려 더 열심히 돈을 벌어야 했다. 그러나 당시 나는 하나님의 강권하심 속에 신학도의 길을 가게 되었고 신학교에 덜컥 합격을 해버렸다.

그때부터 본격적으로 걱정이 밀려오기 시작했다. 주의 종으로 세우셨다는 분명한 응답도 받았기에 이제 순종하기만 하면 되었지만, 막상 일상으로 돌아오면 한숨부터 나오곤 했다.

'하나님이 책임져 주시겠다고는 했는데.'

'분명 금식 기도 마지막 날, 꿈을 통해 보여 주셨는데…. 부자 아버지의 모습을 통해 확신을 주셨는데.'

하지만 응답은 응답이고 꿈은 꿈이었을 뿐, 현실에서는 당장 달라진 것이 없었다. 학교를 다니는 데 필요한 그 많은 돈을 어떻게 마련한단 말인가. 돈을 열심히 벌어도 모자랄 판에…. 미아리고개 꼭대기에 사는 나로서는 한숨만 나올 뿐이었다. 당시 집에서도 쌀을 대줄 수는 있어도 용돈이나 학비는 대줄 수 없는 형편이었다.

사립대학교인 동국대학교 학비와 신학대학교 학비. 여기에 자취방 월세와 생활비…. 도무지 답이 나오질 않는다. 하나님이 시키신 일이니 하나님의 방법으로 도우실 거라 믿기는 하지만, 그 믿음이 머리로 들어오는 순간 다시금 혼란에 빠졌다. 믿음은 믿음이고 현실은 현실일 것만 같았다. 결국 하나님께 하소연하기 시작했다.

'신학교에 들어갈 돈도 없는데 어떻게 하란 말씀입니까?'

'동생 등록금은 또 어떡하고요.'

그러나 답이 안 나오는 그 순간부터 하나님은 본격적으로 역사하시기 시작하셨다. 솔직히 처음에는 누나들에게 기대를 했었다. 그나마 도와줄 수 있는 사람이 누나였으니까. 혹은 조금 경제적으로 여유가 있는 교회에서 장학금을 주지는 않을까 하는 생각도 해보았다. 그 두 가지가 그나마 가능한 시나리오였다.

그러나 인간적인 예상을 뛰어넘는 하나님은 다른 방법으로 역사하셨다. 입학하려고 합격증을 받아놓고 있는데 누군가가 등록금 이상의 돈을 주셨다. 그분은 대형교회 목사님도, 돈 많은 사업가도 아니었다. 예상치도 못한 개척교회 목사님이었다. 하나님은 교회를 유지하기에도 버겁고 생활하기에도 버거울 그런 목사님을 통해 역사하신 것이었다. 그게 하나님의 방법이었다. 인간으로서는 도저히 상상할 수 없고 이해할 수도 없는 일이 그렇게 일어났다. 심지어 등록금만이 아니라, 한 학기 기숙사비와 생활비까지 내주셨다.

그때 깨달았다. 하나님은 사람의 생각이나 방법과는 다르게 역사하신다는 것을…. 우리에게 돈이 필요할 때 반드시 돈 있는 사람을 통해서만 역사하지 않으신다는 것을…. 그게 바로 물질의 주인이시고 만유의 주재이신 하나님의 능력이었다.

한편 한 학기에 필요한 모든 경비를 다 계산하고 나니 40만 원이 남았다. 지금 40만 원도 적지 않은 돈이지만, 1980년대 말, 1990년대 초에 40만 원이면 어마어마한 돈이었다.

어떻게 쓸지 고민을 했다. 들어가야 할 곳이 많다 보니 더 고민이 될 수밖에 없었다. 그런데 하나님은 얼른 마음을 바꾸어 주셨다.

'감사헌금!'

하나님은 그 돈을 다시 감사헌금을 할 수 있도록 인도하셨다. 인간의 계산으로는 남는 돈을 급한 생활비로 돌리는 게 맞지만, 하나님은 그런 합리적인 생각을 초월하시는 분이셨다.

물론 40만 원을 다시 헌금할 때 갈등이 없었던 것은 아니다. 들어갈 돈이 많은 상황에서 그 돈을 그대로 헌금한다는 게 쉽지는 않았다. 특히 이 돈은 목사님께서 나 쓰라고 주신 돈이 아닌가! 그러니 아무 갈등 없이 써도 사실상 상관이 없었다. 그러나 하나님은 말씀하셨다.

"그 돈은 네 돈이 아니다."

그 돈을 다시 헌금하라고 지시하시는 하나님의 뜻을 깨달은 이상, 마음을 다잡으며 드릴 수밖에 없었다.

결국 개척교회 목사님의 헌신으로 등록금을 낼 수 있었고 남은 물질을 통해 다시 헌금을 드릴 수 있게 됨으로써 하나님이 기뻐하시는 물질의 선순환이 일어나게 되었다.

사실 하나님이시라면 물질이 필요한 대상에게 직접 지급하실 수도 있다. '이 교회에는 얼마를 주고, 이 신학생에게는 얼마를 주는' 방식으로 바로 지급하셔도 된다. 그러나 하나님은 돌고 돌게 하신다. 이 교회를 통해 저 신학생을 섬기게 하시고, 저 신학생을 통해 저 교회를 섬기게 하시고, 또 다시 저 교회를 통해 다른 교회를 섬기게 하신다. 그런 다소 복잡하면서도 따뜻한 방법을 통해 사랑하는 방법을 배우게 하시고 헌신하는 방법을 배우게 하시고 하나님이 물질의 주인이 되심을 인정하는 법을 알게 하신다.

하나님이 예비하신 까마귀는 여러 마리다

나중에야 안 것이지만, 40만 원을 다시 헌금하게 하신 데에는 또 다른 비밀이 숨겨져 있었다.

하나님은 물질의 헌신을 하게 하신 후, 그것을 통해 또 다른 물질의 복을 주고자 하셨다. 정말로 하나님을 신뢰하는지를 시험하신 후, 그 시험에 통과한 자에게 더 큰 복을 내리고자 하신 것이다.

하나님은 그때 드린 40만 원, 그 이상의 것으로 다시금 채워 주셨다. 바로 학원을 경영하셨던 김창근 수학 선생님을 통해 역사하셨다. 참고로 김창근 선생님은 나의 은사님이신 것도 아니고, 얼굴조차 모르는 분이다. 한 번도 만난 적 없는 그분을 통해 하나님은 역사하셨다. 하나님은 늘 그러셨다. 말이 안 되는 방법으로 우리를 매번 놀라게 하셨다. 하나님의 이벤트는 인간의 생각을 늘 뛰어넘곤 했다.

알고 보니, 선생님은 내 소식을 듣고 매월 10만 원씩 장학금을 주겠다고 하신 것이었다. 참고로 당시 교육전도사 사례금은 15만 원에서 17만 원 가까이 되었다. 그만큼 10만 원은 지금의 10만 원과는 달랐다.

그때 나는 어떻게 해서든 찾아가 인사를 드리고 싶었다. 몇 번이고 찾아가겠다고 건너 건너 요청을 드렸지만 선생님은 연락처를 주지 않으셨고 그 어떤 연락도 하지 말라고 하셨다. 그러면서 지속적으로 후원금만 보내 주셨다(간절한 바람이 있다면 이 책을 통해 그 선생님과 연락이 닿는 것이다).

그 이후로도 선생님의 후원은 계속 이어졌다. 무려 신대원 1학년 때까지…. 하나님은 '매월 10만 원'이라는 비교도 할 수 없는 계산법으로 축복해 주셨다.

참고로 그 이후에는 학원에서 피아노를 가르치던 아내를 통해 등록금을 채워 주셨다. 그렇게 필요할 때는 채워 주시고 더 이상 필요가 없을 때는 거두어 가셨다. 까마귀가 이제 집에 있으니 멈추게 하신 것이다. 당시 나는 이스라엘 백성이 광야에서 경험했던 만나의 법칙을 동일하게 경험할 수 있었다. 광야생활을 하던 이스라엘 백성에게 매일 내려지던 만나는 가나안 땅에 정착한 후로 멈췄다. 만나가 멈춘 것은 이스라엘 백성에게 또 다른 은혜가 시작되었기 때문이다. 곧 젖과 꿀이 흐르는 가나안 땅에서 나는 농사의 열매를 먹고 마실 수 있게 된 것이다. 마찬가지로 하나님은 내게도 결혼생활과 더불어 또 다른 은혜를 부어주셨다.

> 아무 것도 염려하지 말고 다만 모든 일에 기도와 간구로, 너희 구할 것을 감사함으로 하나님께 아뢰라 그리하면 모든 지각에 뛰어난 하나님의 평강이 그리스도 예수 안에서 너희 마음과 생각을 지키시리라 (빌 4:6-7)

한편 하나님은 신학교 4년 동안 등록금뿐만이 아니라 다른 무엇인가가 필요하면, 까마귀를 보내듯 그 필요한 것들을 채워 주셨다. 그것도 오차 없이 정확하게 필요한 부분을 채워 주셨고 남아돌게 하지 않으셨다.

한번은 연탄이 동이 났다. 동생과 나는 연탄 없이도 견뎌 보자는 다소 무모한 각오를 나누었다.

"형, 연탄 다 떨어졌네."

"그러게. 한동안은 잘 참아 보자. 춥더라도."

"그래. 버텨 보자. 방법이 없지 뭐."

말은 그렇게 했지만 미아리 고개 꼭대기에서 연탄 없이 산다는 것은 상상조차 하기 어려운 일이었다. 그런데 완전히 동이 나기 전에 누군가가 찾아왔다. 심지어, 모르는 사람이다.

"이거 그냥 쓰세요."

"네?"

"아, 그냥 쓰시라고요."

봉투를 열어보면, 정확히 연탄 100장 값이었다. 당시 연탄은 100장씩 배달되곤 했다. 그런데 연탄이 떨어지면 모르는 사람이 나타나 연탄 값 100장 값을 주곤 했다. 정확히 100장에 해당되는 값을! 모자라지도 않고 남지도 않았다. 그야말로 연탄 사는 데 쓰라고 하나님이 보내 주신 것이었다. 이후로도 하나님은 연탄이 떨어질 때마다 그렇게 채워 주셨다. 인간적인 생각으로는 설명 자체가 불가한 그런 현상이 나타났다.

그러다 보니 그때부터는 돈이 떨어져도 걱정이 되지 않았다. 돈이 떨어지면 이제 하나님이 어떻게 역사하실지, 기대가 될 정도였다.

그렇게 나와 동생은 전적인 하나님의 은혜로 학교를 마칠 수 있었다. 입학조차 할 수 있을까 생각했던 내가 그렇게 무사히 졸업을 하고 주의 종의 길을 지속해서 갈 수 있었다. 하나님이 보내신다고 하신 이상, 하나님은 전적으로 책임져 주실 수밖에 없으셨다. 현실적으로 나를 위협하는 경제적인 문제도 하나님은 온전히 책임져 주셨다. 하나님은 주의 길을 가라고 해놓고 벌이는 알아서 하라는, 무책임한 분이 아니셨다.

그러니 하나님이 시키신 일 앞에서 나는 그저 순종만 하면 된다. 나머지 부분은 하나님이 책임져 주시니, 염려할 필요가 없다. 대신 염려할 그 시간을 아껴가며 주님께 집중하고 주의 일에 전력을 다해야 한다.

명하신 분도 하나님, 준비해 주시는 분도 하나님

신학교 입학을 앞두고 경제 문제로 고민했던 나는 개척에 대한 응답을 받은 후에도 동일하게 재정문제로 고민하지 않을 수 없었다. 이미 신학교, 신대원을 졸업하면서 때에 맞게 물질을 채워 주시는 하나님은 은혜를 경험했지만 또다시 개척을 앞두고 흔들릴 수밖에 없었다. 개척에 대한 아주 분명하고도 명확한 응답을 받았지만 당장 내가 할 수 있는 것이 아무것도 없었기 때문이다. 지금 부교역자 사례비로 생활하기에도 빠듯한데 어떻게 개척자금을 마련한단 말인가….

특히나 개척은 신학교 입학 때와는 상황이 다르다. 일단 스케일 자체가 다르다. 등록금 내는 정도가 아닌, 건물을 얻어야 하는 상황이 아닌가. 마치 직장을 다니며 빠듯하게 월급 받으며 생활하던 사람이 갑자기 사업을 해야 하는 상황과도 같다. 그만큼 이리 보나 저리 보나 불가능한 상황이다.

그렇게 개척을 앞두고 처소를 마련하는 문제에 직면하자, 한숨이 새어 나왔다. 개척에 대한 분명한 응답을 받고 난 후 내 마음은 복음의 열정으로 뜨겁게 타올랐지만 막상 현실에서 문제가 만연한 것을 보자 다시 씁쓸해진 것이다. 하나님의 인도하심을 믿으며 흔들리지도 않겠다고 다짐했지만, 현실 앞에서는 또다시 인간적인 연약함을 드러내었다.

일단 내 상황 및 내 주변 상황을 객관적으로 살펴보았다. 이제 막 공부를 마친 강도사에게 돈이 있을 리 만무했고 부모님에게 도움을 받을 처지도 아니었다. 그 상황에서 가장 먼저 생각난 사람은 둘째 누나였다. 어머니는 이미 나와 함께 살고 계셨고 동생은 군 제대 후에 고시 준비 중이었으니, 그 상황에서 도움을 구할 곳은 둘째 누나밖에 없었다. 지금 필요한 돈은 800만 원…. 혹시 누나라면 도움을 주지 않을까 싶었다.

"따르릉 따르릉"

"응? 종수니? 왜? 무슨 일이야?"

자초지종을 설명했다. 어떻게 설명했는지 기억도 나지 않는다. 한참 이야기하다, 결론을 이야기했다. 800만 원이 필요하다는, 매우 부담스러운 이야기….

"뚜뚜뚜뚜뚜."

그 말이 나오기 무섭게 전화가 끊겼다. 예상과 다른 전개였다. 누나가 중간에 끊어 버릴 줄은 몰랐다. 전화한 것이 후회가 되었고 낙심이 되었다. 민망하기 그지없었고 풀이 죽어 버렸다.

'이제 어떡하란 말인가.'

며칠 후, 전화벨이 울렸다. 무슨 전화인지는 모르지만 딱히 기대는 되지 않았다. 고민 중에 있던 터라 힘없이 전화를 받았다.

"네. 여보세요?"

"안녕하슈. 전도사님. 기억하죠? 나 성북교회 박종근 장로요."

"네? 안녕하세요. 오랜만입니다. 장로님."

조금 당황스러웠다. 한 번도 내게 전화를 걸어오신 적이 없으셨던 분이 갑자기 왜 전화를 하신단 말인가.

장로님은 이런저런 안부를 물으셨다. 그러면서 자연스럽게 교회 개척을 잘 되어 가냐고 물으셨다.

"잘 되가슈?"

"네. 장로님. 기도하면서 잘 준비하고 있습니다."

그때 장로님은 놀라운 이야기를 꺼내셨다. 장로님께서 오래전에 어느 개척교회 목사님에게 개척자금으로 헌금을 하시면서 이렇게 말씀드렸다고 한다.

"목사님. 저는 하나님께 이 헌금을 드리지만 목사님은 빌린 겁니다. 이 다음에 교회가 안정되고 성장하거들랑, 이 헌금을 다른 개척교회 목사님께 개척자금으로 도와주세요."

"네. 장로님. 꼭 그렇게 하겠습니다."

당시 그 목사님은 당연히 그렇게 하겠다고 약속하셨다고 한다. 그런데 장로님께서 내가 개척한다는 소식을 듣고는 그 목사님께 전화를 하셨더니 목사님께서 이렇게 답변을 주셨다고 한다.

"장로님. 지금 교회의 형편 때문에 다 드리지는 못하고, 800만 원을 개척 자금으로 도와드릴 수 있을 것 같습니다. 괜찮을까요?"

목사님은 그때 빌린 그 금액 전부를 개척자금으로 헌금하고 싶었지만 아직 그런 상황이 아니라, 송구한 마음으로 전화를 거셨던 것이다. 그리고 장로님은 그 금액이라도 헌금하면 좋을 것 같다고 생각하여 그날 나에게 전화를 하셨던 것이다. 아마 목사님이나, 장로님은 원래 생각했던 금액이 아니었기에 조금 걱정했을지도 모른다. 즉, 그 두 분 입장에서는 '800만 원밖에'였을지 모르지만 내 입장에서는 그게 아니었다. 딱 필요한 금액이었다. 오차 없이 정확하면서도 지금 당장 필요한 금액이었다.

하나님의 셈은 늘 정확했다. 더하지도, 덜하지도 않고 정말 정확하게 맞추어 주셨다. 그렇게 해야 모든 상황을 다 아시고 이끄신다는 것이 더욱 분명하게 드러나기 때문이다. 실제로 더 많은 금액이 들어왔다면 이렇게까지 놀라지는 않았을 것이다. 그러나 금액이 너무나 딱 맞아떨어졌기에, '역시…. 하나님!'을 속으로 외치며 찬양할 수 있었다.

그 이전까진 몰랐다. 개척이 하나님의 뜻이라지만 그 뜻을 이루는 것은 나라고 생각했다. 내가 돈을 모아서 내가 뭔가를 해야 하는 줄 알았다. 그

리고 그것을 이루기까지 많은 고민을 하고 염려를 하고 이리저리 뛰어야
된다고 생각했다. 그러나 알고 보니, 내가 할 일은 따로 있었다. 나는 그저
순종하고 기도하며 하나님이 시키신 일만 하면 되었다. 하나님은 신학교
들어갈 때처럼 이번에도 물질적인 부분을 책임져 주셨다. 지시만 한 채 나
몰라라 하지 않으시고, 그 지시에 따를 수 있도록 알맞게 채워 주셨다.

한마디로, 순종하는 데 있어서는 그 어떤 비용도 들지 않았다.

이제는 물질의 주인을 찾아 주어야 할 때다

지금 이 순간, 하나님의 명령에 따라 움직이는 순종의 일꾼들이 있다. 그
순종을 위해 생업을 포기해야 하는 경우도 있고 온전히 기도와 말씀, 선교
에만 매진해야 하는 경우도 있다. 이제 하나님은 나와 우리 교회를 통해 그
들의 필요를 채우게 하신다. 과거에 누군가가 나의 필요를 채우는 도구가
되어 주었듯, 이제는 나더러 그 필요를 채우는 도구가 되라고 말씀하시는
것이다. 그러니 이제는 채워 주는 일을 위해 순종하면 된다.

그래서 누군가가 물질을 가지고 오면 내 마음대로 쓰지를 못하고 일단
책상 위에 둔다. 하나님이 그렇게 하기를 원하시니까.

하루는 누군가가 내 방에 찾아온 적이 있다. 그런데 그분은 돈 봉투를 들
고 있었다.

"목사님, 그냥 쓰세요."

선물이었다. 감사했다. 하나님께도 감사했고 그분께도 감사했다. 그러나 감사하는 마음을 갖되 내 마음대로 쓸 수는 없었다. 그 돈은 내 돈이 아니고 돈의 주인이 따로 있었기 때문에 그대로 책상 위에 올려 두었다. 그러면 얼마 후, 하나님이 그 돈의 주인을 알아서 보내 주신다. 이제 나는 그 돈을 전달하는 통로로 쓰임 받으면 된다.

"똑똑"

"네. 들어오세요."

"목사님, 안녕하세요?"

우리 교회 청년부 단기선교팀 리더와 청년들이다. 반가운 친구들이다. 당시 청년들은 캄보디아 선교 준비를 하고 있었다.

"준비는 잘되어 가요?"

"네. '교회건축 기공예배'를 드릴 때 파티를 하면 좋을 것 같아요."

"파티요?"

"본격적으로 준비하고 있어요."

순간 아까 올려둔 돈이 생각났다. 얼른 그 돈을 들고 왔다. 봉투에 들어있는 돈을 꺼내면서 물어보았다.

"이거면 충분할까요?"

"아, 감사해요. 그 정도면 충분해요!"

"하나님께서 주신 돈인데, 주인을 찾았네요.

그 돈의 주인은 단기선교팀이었다(엄밀히 말하자면 파티에 참석할 분들의 것이었다).

하나님은 그들에게 그 물질을 주시고자 다른 누군가를 통해 나에게 봉투를 주셨고 나는 중간에서 전달자가 될 수 있었던 것이다. 그래서 그 자리에서 예산을 조금 더해 전달했다. 주인이 나타났으니 바로 그렇게 넘겨주면 되는 것이었다.

나 역시도 동일한 방식으로 학교를 졸업했고 이제 그렇게 물질의 주인을 찾아주면 되었다. 아마 과거에 나에게 물질적으로 도움을 주신 개척교회 목사님이나 김창근 선생님도 같은 방식이었을 것이다. 돈이 남거나 차고 넘쳐, 주신 것이 아니다. 아끼며 모아둔 돈을 하나님이 정해 주신 주인을 찾아주기 위해 살펴보다가, 나에게 그런 도움을 줄 수 있었다.

물질을 통해 하나님이 역사하시는 방법은 그저 신기하고 감탄이 나올 뿐이다. 사실 마음만 먹으면 다른 방법으로도 물질을 채워 주실 수 있으신 하나님이 아닌가. 그러나 하나님은 서로 나누고 섬기게 하시면서, 그 가운데서 사랑과 위로와 격려와 감동을 얻게 하신다.

그런 선한 방법으로 물질을 쓰게 하시고 나누게 하시는 하나님의 뜻을 알기에, 그런 물질의 주인 되신 하나님의 스타일을 잘 알기에, 물질로 인해 조급해지거나 시험에 들지 않을 수 있다. 그리고 아낌없이 나눌 수 있다. 물질이라는 것은 내 소유가 아님을 알기에 욕심을 부릴 수도, 염려를 할 수도 없는 것이다.

나눔과 질문 ─────────────────────────

Q1. 예상치 못하게 주님이 허락하신 물질적 은혜를 받아 누린 적이 있는가?

Q2. 내가 받은 물질적 은혜를 어떻게 하면 나눌 수 있을까?

Chapter 7

하나님은
낮은 곳을
참 좋아하신다

하나님은 낮은 곳을
참 좋아하신다

들어가기 전에

사람들은 높은 곳을 좋아한다.

나도 사람이다.

그래서 높은 곳을 좋아했다.

높은 곳을 동경했고 높은 곳을 가기 위해 노력했다.

그런데 하나님은 나더러 낮은 곳으로 가라고 하셨다.

도무지 이해할 수도 없었고

도저히 이해하고 싶지도 않았다.

그럼에도 하나님은

나를 낮은 곳으로 떠미셨다.

그곳이야말로
하나님이 맘놓고 역사하실 수 있는 공간이었기 때문이다.
오로지 하나님만이 나타나실 수 있는 장소였기 때문이다.
하나님이 우리와 은밀히 만날 수 있는 특별한 자리였기 때문이다.

낮은 곳에서 우리가 경험했던
하나님과의 뜨거운 만남의 순간들,
처절했지만 소중했던 연단의 기록들,
그것은 우리의 영혼을 자라게 했다.
하나님과의 거리를 더 좁혀주었다.

이제는 알 수 있다.
하나님이 왜 낮은 곳을 좋아하시는지를.
왜 우리를 낮은 곳에 보내시는 지를.

조건이 있습니다

열흘 작정 기도를 하면서 '개척'에 대한 분명한 응답을 받았을 때의 일이다. '개척을 하라'는 명령에 '주님의 뜻이면 하겠습니다.'라고 대답했던 그때…. 솔직히 여러 가지 감정이 내 안을 오고갔다.

분명한 응답을 받았다는 것에 대해서는 홀가분하다가도, 유학길을 포기한 것에 대해서는 아쉬움이 적잖이 남았다. 주님이 나를 쓰신다는 것에 대해서는 감사하다가도, 이 힘든 길을 가야 한다는 것에 대해서는 원망이 앞섰다. 주님의 도우심으로 이 길을 잘 갈 수 있을 거란 긍정적인 용기가 찾아오다가도, 과연 끝까지 달려갈 수 있을까 하며 두려움에 사로잡혔다.

결국 그 두려움 때문에 하나님께 조건을 달았다. 뭔가 그 조건이 충족되어야 개척목회를 끝까지 할 수 있을 것 같았기 때문이다.

"개척하라는 명령, 들어는 드릴게요. 대신 조건이 있습니다."

그땐 당연히 그래도 되는 줄 알았다. 그토록 어려운 명령을 기꺼이 내가 들어 드리겠다는데, 충분히 조건을 내걸 자격이 있지 않은가?

하지만 돌아보면, 그처럼 황당한 것도 없다. 마치 난파된 배에서 1차로 구조되어 구명보트에 타게 된 사람이 "구명보트가 불편하긴 하지만 기꺼이 타 드릴게요. 대신 질 좋은 구명조끼와 이불은 주셔야 합니다."라고 말한다면 어떨까? 이는 은혜가 은혜인 줄 모르는 개념 없는 모습에 지나지 않는 것이다.

혹은 부모가 아이의 건강을 위해 귀한 음식을 구해다 주었는데, 그 아이가 "먹어는 드릴게요. 대신 조건이 있어요. 내가 좋아하는 과자도 사주세요."라고 말한다면 어떨까? 자신을 위해 어렵게 마련해 준 그 음식을 마치 부모를 위해 먹어 주는 것처럼 생색을 내는 것은 너무나 철이 없는 모습이었다.

그런데…. 그런 한심한 짓을 내가 한 것이다. 그만큼 개념 없고 철없는 사람이 나였다. 심지어 그때 나는 조건을 세 가지나 걸었다.

내가 내걸었던 첫 번째 조건은 돈이었다. 개척을 할 테니, 돈을 달라고 기도했다. 교회를 개척하는 데 있어 현실적인 문제는 역시나 돈이었다. 건물도 얻어야 하고 성구도 구입해야 하고 인테리어도 해야 하니 여간 많은 재정이 필요한 게 아니었다. 나에게는 아무런 준비도 없고 능력도 없으니 그 부분을 해결해 달라고 요청했다. 사실 경제적인 부분은 내가 굳이 조건을 걸지 않아도 하나님이 처리해 주시는 부분이다. 그러나 나는 그런 확신이 없었기에, 조건으로 내걸었다.

다음으로는 가정에 대한 조건을 내걸었다. 개척을 하면 가정에 집중하기 어려우니 이 부분 역시 하나님이 책임져 달라고 했다. 사실 이 부분도 굳이 조건으로 내걸지 않아도 하나님이 알아서 해결해 주시는 부분이 아닌가. 그러나 나는 불안했다. 그리고 불안했던 만큼 하나님께 강요했다.

문제는, 세 번째다. 사실 경제적인 부분이나 가정에 대한 부분은 조건으로 내걸 필요도 없이 하나님이 알아서 해주시는 부분이다. 하나님의 인도하심에 대한 확신이 부족했다는 게 문제라면 문제일 뿐, 그런 조건을 낸 것 자체는 인간의 당연한 모습일지도 모른다. 어쩌면 이런 조건을 내건 것은 하나님을 의지하며 하나님의 도움을 구하는 것이라고도 볼 수 있다.

그런데 세 번째 조건을 제시할 때는 조금 달랐다. 이것은 반협박에 가까웠다. 마치 협상을 하거나 거래를 하는 듯한…

"하나님! 지하실은 안 됩니다."

"분명히 말했습니다. 지하실은 안 된다고 분명히 말했습니다!"

"개척하라는 명령에 이렇게 순종하고 있는데, 그마저도 안 해주시면 서운합니다."

사실 지하실 교회는 개척교회의 상징이기도 하다. 개척교회는 형편상, 지하실에서부터 시작하는 경우가 대부분이다. 내가 섬겼던 개척교회나 내가 가보았던 개척교회도 거의 지하실이었다. 그걸 알기에, '개척' 하면 '지하실'이 먼저 떠올랐고, 그 지하실이 싫어 사전에 하나님께 요구를 한 것이다. 그것만은 피하게 해달라고…. 심지어 하나님이 그 정도는 당연히 해주셔야 하는 양, 당당히 요청했다. 하나님이 나에게 조건을 내걸으셔도 모자를 판에, 내가 오히려 하나님께 조건을 내건 것이다.

결과는…. 역시나 지하실행이었다. 우리는 1997년 12월 22일, 경기도 안산시 사동 1407−27번지 45평짜리 지하실에서 개척설립예배를 올려 드리게 되었다. 경제적인 것을 해결해 주시는 부분, 가족을 인도하시는 부분은 하나님이 다 알아서 해주셨지만 지하실행은 면치 않게 하셨다. 개척교회의 원칙답게 지하실부터 출발을 한 것이다.

물론 지하실행이 결정되고 난 후, 처음에는 한참을 원망했다. 하나님이 마치 약속을 어긴 것처럼, 억울한 감정이 들기까지 했다.

"하나님, 너무하신 것 아닙니까?"

"저 이러면 개척 못합니다."

"제가 분명히 말했을 텐데요? 지하실은 절대 안 된다고⋯."

그러나 '너무한 이'는 하나님이 아니라, 나였다. 물에서 건져준 분에게 보따리 내놓으라는 것처럼, 배은망덕한 모습으로 나온 사람이 바로 나였다.

뒤늦게야 그런 나의 어리석음을 깨달아 가면서, 다시 하나님께 엎드렸다. 엎드리자, 지하실조차도 얼마나 큰 감사의 제목이 되는지를 알 수 있었다. 당장의 편리함을 누리는 것보다, 지하실에서 제대로 된 훈련을 받길 원하시는 하나님의 마음도 느낄 수 있었다. 무엇보다 지하실의 깊이만큼이나 더 깊어지는 하나님의 은혜를 제대로 체험하며 사역할 수 있었다.

사실 지하실에서 개척한 모든 개척교회 목회자의 소원은 지상으로의 탈출이다. 하지만 지하실이기 때문에 부흥이 안 되고 지상상가이기 때문에 부흥할 수 있는 것은 아니었다. 다행히 그 사실을 깨닫기까지 오랜 시간이 걸리지 않았다. 섬기는교회가 개척을 시작한 교회의 자리에서 목회하시던 한 목사님은 도로 건너편 번듯한 상가 건물에 이전을 하셨다. 지하실 개척 교회를 탈출하면 금방 부흥할 것처럼 이전하였지만 얼마 지나지 않아 교회 의 간판이 다시 바뀌게 되었다.

개척교회의 부흥은 지하실이나 지상의 상가의 문제가 아니다. 장소보다 더 중요한 것은 그곳에 임하신 하나님의 임재다. 모세의 성막과 솔로몬의 성전에 하나님이 임재하심으로써 비로소 거룩한 성전이 된 것처럼 교회에도 하나님의 임재가 있어야 한다. 하나님의 거룩한 임재가 있는 곳에 은혜가 임하고 은혜가 있는 그곳에 바로 부흥이 일어난다.

낮은 곳에 더 깊게 임하는 은혜

"찬송가 323장 부르시겠습니다."

323장. '헌신예배' 하면 빠질 수 없는 단골 찬송이다. 그날 헌신예배 때도 어김없이 그 찬송을 부르게 되었다. 비록 작고 누추한 지하실 공간이지만 성도들과 한마음으로 찬송을 부르기 시작했다.

"부름 받아 나선 이 몸 어디든지 가오리다

괴로우나 즐거우나 주만 따라 가오리니

어느 누가 막으리…"

갑자기 찬송 소리가 멈췄다. 그 누구도 막을 수 없는 찬양에 대한 열정을 예상치 못한 무엇인가가 막아 버렸다. 성전은 한순간에 깜깜해졌고 나와 성도들은 부르던 찬송을 중단하고 우왕좌왕했다.

갑작스런 암전…. 주일 대낮이지만 지하실에 성전이 있다 보니 암전이 되면 바로 깜깜해진다. 새어 나오는 햇빛이 조금이라도 있으면 그 빛에 기대어 예배를 드릴텐데 지하실이다 보니 그조차 어려웠다.

예배를 계속 이끌어야 하는 담임목사 입장에서는 머리가 하얘지는 순간이다. 문제가 생겨도 문제의 원인을 알면 마음을 다잡고 해결할 수 있는데, 그때 그 상황에서는 정말 뭘 어떻게 해야 할지 몰랐다.

얼마 후에야 원인을 알았다. 장마 이후 습기로 인해 누전이 된 것이다. 왜 이런 일이 일어났는지 다급하거나 당황스러워야 하는데, 사실 습기로 인한 누전이라는 것을 알고는 마음이 오히려 편했다. 당연히 일어나야 할 일이 일어난 것처럼….

'아, 습기 때문에 누전이 된 것이구나. 난 또 무슨 다른 사고가 있었던 건가 했네.'

나를 비롯해 성도들은 이미 습기의 공격 앞에 초연해진 상태였다. 물론 이번에는 누전과 암전이라는 새로운 사태가 벌어져 한동안 우왕좌왕하기는 했지만, 우리는 익숙하게 그 상황을 받아들였다.

사실 섬기는교회는 안산 지역 내에서도 슬럼가에 위치해 있었다. 지하실도 지하실이지만, 건물 자체가 노후한데다가, 소위 말하는 '날림'으로 지어졌다 보니 비가 올 때면 누전과 같은 예기치 못한 또 다른 어려움을 겪어야 했다. 그리고 그날도 예배 시간에 누전이 되어 곤혹을 치러야 했다.

어느 정도 수습을 하고 난 뒤, 여전히 축축하고 눅눅한 성전을 바라보았다. 순간 한숨이 절로 나왔다. 이런 사태에 길들여지긴 했지만, 앞으로의 교회 운영과 관련하여 걱정이 되지 않는 것은 아니었다.

"혹시 누전 때문에 위험한 일이 일어나면 어떡하지?"

"성도들이 다치기라도 하면 어떡하지?"

전기와 물기가 맞닿는 그 위험한 상황이 현실로 다가오자, 담임목사로서 막막함을 느낄 수밖에 없었다. 그래도 조금 전까지는 초연했는데, 상황을 수습하고 난 뒤 현실을 자각하는 시간이 찾아오자 본격적으로 염려가 밀려오기 시작한 것이다. 암전 때문에 갑자기 들이닥친 성전 내부의 암흑만큼이나, 내 마음은 암담했다.

'습기와의 전쟁!' 이것은 아마도 지하실에 위치한 개척교회들이 겪는 가장 큰 고충이 아닐까. 장마나 태풍이 휩쓸고 가면 교회는 한순간에 물이 차오른다. 처음 이 일을 경험할 때는 무엇부터 해야 할지 몰라 할 말을 잃은 채 성전을 바라볼 뿐이었다.

'언제 물을 다 퍼내지?'

'언제 저걸 다 닦아내지?'

'언제 다 마르지?'

'장판들 다 버리고 교체해야 하는 거 아니야?'

'대체 뭐부터 해야 하는 거지?'

솔직히 복구 작업을 하면서도 보람이 없었다. 복구한다고 한들, 비가 몰아닥치면 문제가 또다시 반복될 것이기 때문이다. 그러다 보니 복구 작업을 하는 동안에도 의미 없는 일을 하는 것만 같다는 회의감이 밀려오곤 했다. 마치 구멍 난 독에 물을 붓는 느낌이랄까.

'열심히 닦고 열심히 걷어내면 뭘 해. 다시 또 물이 찰 텐데.'

하지만 이것도 시간이 지나면 조금 익숙해진다. 마치 장마나 태풍 때마다 찾아오는 통과의례인 양, 마음을 내려놓고 습기와의 전쟁을 시작한다. 심지어 여러 번 경험하다 보니, 치우는 것도 이제는 익숙하다. 함께 복구 작업을 하는 성도들도 나중에는 웃는 여유를 보이며 그 일에 동참한다.

물론 장마나 태풍 때만 습기와의 전쟁을 치르는 것은 아니다. 지하실은 늘 축축하고 늘 눅눅하다. 그러다 보니 비가 오지 않아도 습기로 가득하다. 그리고 습기가 덤으로 안겨 준 곰팡이도 교회 곳곳에 새겨져 있다. 지워도 다시 생기기 때문에 벽에 새겨진 것이나 다름없는 곰팡이….

그렇게 우리는 여느 지하실 교회처럼 곰팡이 냄새가 가득한 눅눅한 공간에서, 갑작스레 들이닥칠 비와 예고 없이 찾아올 누전 등의 사고를 염려하며 예배를 드렸다.

비록 그런 어둠으로 가득 찬 지하실일지라도 하나님의 영광의 빛, 사랑의 빛, 은혜의 빛은 가득했다. 햇볕도 들지 않고 때로는 전등도 나갈 때가 있었지만 하나님이 비추시는 빛은 한순간도 떠난 적이 없었다. 오히려 빛이 소멸되는 상황에 이를수록 하나님이 주시는 은혜의 빛은 더 강하게 빛났다. 하나님은 오히려 궁핍한 그 자리에서 더 강력하게 임하셔서 역사하셨다.

실제로 우리는 지하실 안에서 펼쳐지는 각종 우여곡절 가운에서도 하나님만을 온전히 의지할 수밖에 없었고 그만큼 하나님의 은혜를 더 많이 경험했다. 하나님과 더 친해지기 쉬운 곳, 하나님과 더 많은 대화를 할 수 있는 곳이 바로 지하실이었던 것이다.

특히 성도들과도 한마음이 될 수밖에 없었다. 습기와의 전쟁 속에서 다져진 전우애가 생겼다고나 할까?

그런 과정에서 깨닫게 되었다. 하나님이 왜 개척교회를 지하실에서 시작하게 하시는지를…. 더 좋은 곳을 주실 수 있음에도, 왜 굳이 지하실로 보내시는지를….

무엇보다 우리는 그 시절, 분명하게 느꼈다. 낮은 데로 임하시는 예수님의 사랑을! 아마 낮고 낮은 지하실 시절을 거쳐본 사람이라면 그 사랑의 깊이를 알 수 있을 것이다.

내가 이 전을 채워 주리라

개척 이전까지, 나는 풀타임 사역을 해본 적이 없었다. 신대원을 졸업하고 진로에 대한 정확한 방향이 결정되지 않아서 거의 1년을 파트타임으로 사역했다. 담당 부서도 교육부서였기 때문에 심방이나 행정 등과 같은 교회의 전반적인 운영에 관해서는 아무것도 몰랐다. 마치 운전면허증 없는 운전사와 같았다고나 할까.

그래서 지하실에서 마주하게 되는 개척교회 담임사역의 모든 것들이 나에게는 그저 '처음'이자 '낯선 것'들일 뿐이었다. 개척을 한 지 얼마 안 되었을 시기에는 더욱 그럴 수밖에 없었다. 내가 담임하는 교회인데도 불구하고 부교역자 사역을 할 때보다 교회가 더 낯설었다.

한편 아직 적응이 안 되던 개척 초장기 시절, 이런저런 면에서 불편한 상황만이 발생할 때, 그 불똥은 고스란히 가정 안에 튀었다. 가정 안에서도 그 불똥받이를 해줄 수 있는 사람은 한 사람밖에 없었다. 그 사람은 바로 섬기는교회의 사모이자, 섬기는교회의 유일한 성도인 나의 아내였다.

그날도 괜스레 아내와 싸움이 붙었다. 말 그대로 '괜스레' 시작된 다툼이었다. 굳이 싸움으로 번질 필요가 없는 문제였는데 예민해진 탓에 아내에게로 화살이 날아갔다.

개척교회 담임목사의 사모로서 누구보다 고생을 해야 했던 아내, 그도 모자라 두 딸을 키우며 육아의 수고를 홀로 감당해야 했던 아내…. 그런 아내에게 내가 쏜 화살은 유난히 아프고 따갑고 시릴 수밖에 없었다. 상처를 주고 나서 얼른 진화를 했어야 했는데 완악한 나는 오히려 일만 크게 만들었다. 미안해해도 모자랄 판에 싸움으로 번지게 만들었고 아내는 그 과정에서 더 큰 상처를 받았다.

그날 저녁 이후로 서로 아무 말이 없었다.

"…."

"…."

사실 부부싸움이야 어느 부부들이나 경험하는 일상이다. 서로 말도 걸기 싫은 정도로 화가 나 있는 상황, 충분히 있을 수 있다. 부부싸움은 칼로 물 베기라는 뻔한 말처럼, 자연스럽게 진화되는 것이 부부싸움이 아닌가. 그러니 잠깐의 불화 정도는 큰 문제가 되지 않는다.

그러나 우리의 경우는 조금 달랐다. 서로 말도 하기 싫을 정도의 대치 상태는 우리에게 큰 문제였다. 당장 다음 날 새벽예배가 있기 때문이다. 내일 새벽예배에 참석할 수 있는 성도는 아내뿐…. 다른 성도가 한 명이라도 더 있으면 아무 문제없는데, 여느 때와 마찬가지로 아내 한 명을 앞에 두고 예배를 인도하고 설교를 하고 기도도 해야 했기에 큰 문제가 될 수밖에 없었다. 이를 어쩐단 말인가…. 싸울 때는 몰랐는데, 다 싸우고 나서야 '아차' 싶었다.

'아뿔싸. 내일 새벽예배는 어떻게 드린담.'

'새벽예배를 위해서라도 빨리 미안하다고 말해야 하나?'

'그래도 남자 자존심이 있지. 그리고 가만 보면 내 잘못만이라고 하기는 어려운데?'

'혹시 하나님이 사모 외에도 다른 누군가를 기적적으로 보내 주시지는 않을까?'

'아니면 어차피 올 사람도 사모밖에 없는데 내일만 예배를 드리지 말까?'

'아니지. 그건 안 되지. 부부싸움 했다고 예배를 안 드릴 수 없잖아.'

'그래도 이 상황에서 예배는 무리 아닌가? 드리지 말자고 말해 볼까? 아, 아니다. 그러려면 말을 걸어야 하는데 지금 이 상황에서 어떻게 말을 걸어….'

오만가지 생각이 오가다, 결국 타이밍을 놓쳤고 대치 상태에서 새벽예배를 드리게 되었다. 역시나 그날 앉아 있는 성도는 아내 한 명뿐이다. 그런데 아내 입장에서 내 설교를 듣고 싶을 리 없었다. 결국 아내는 설교를 듣다가 밖으로 나가버렸다. 성도들이라도 여럿이면 보는 눈을 생각해서라도 참았겠지만, 어차피 나와 아내, 단 둘이 아닌가. 나간다고 해도 할 말이 없었다.

유일한 성도이자 청중이었던 아내가 나가버리게 되면서, 나 홀로 남게 되었다. 그래도 예배인데, 하나님이 다 보고 계시는데, 설교를 멈출 수는 없었다. 교회 천정이라도 보면서 다시 설교를 이어갔다. 문득 어떤 목사님 이야기가 떠올랐다.

'옛날에 어느 부흥사 목사님은 성도가 없어서 산에 올라가 소나무를 성도로 보면서 설교를 연습하셨다던데….'

비슷한 신세라 생각하며 스스로를 위로하려는데, 지금 내 상황은 왠지 더 초라해 보였다.

'차라리 생명체인 소나무라도 있으면 그나마 나을 텐데….'

'그분은 설교연습인데, 나는 실전이 아닌가….'

실제 설교를 콘크리트 천장을 보면서 하려니 눈물이 왈칵 쏟아졌다. 그래도 중단 없이 설교를 마칠 수 있었고, 설교가 끝난 후로는 눈물로 찬송을 하고 방언으로 기도를 했다. 그리고 그 순간 기쁨이 충만해지는 것을 느꼈다. 하나님이 위로가 임하는 것만 같았다.

사실 사람은 아무도 없지만 하나님은 줄곧 그 자리를 지키고 계셨다. 처음부터 끝까지 함께하시면서 다 지켜보고 계셨다. 그러면서 예배 마지막 자락에 나의 눈물을 닦아 주신 것이다. 그리고는 이런 약속도 해 주셨다.

"내가 이 전을 채워 주리라."

당장은 아무도 없지만 그저 감사했다. 아까까지만 해도 설움의 눈물을 흘렸다면 이제는 감사의 눈물이 쏟아져 나왔다. 그리고 그 약속에 화답했다.

"주여. 이 전에 영혼들로 가득 차게 하여 주십시오."

"하나님의 영광이 충만한 교회가 되게 하옵소서."

지하실에서 홀로 벽 보며 설교했던 그날, 나는 낮은 곳에 임하는 하나님의 은혜를 보다 분명하게 느꼈다. 초라해하던 나를 따뜻하게 감싸줄 정도로 그날 임한 위로의 은혜는 너무나도 강력했다. 아직까지도 그 온기가 느껴질 정도로.

홀로 기이한 일들을 행하시는 여호와 하나님 곧 이스라엘의 하나님을 찬송하며
그 영화로운 이름을 영원히 찬송할지어다 온 땅에 그의 영광이 충만할지어다
아멘 아멘 (시 72:18-19)

나눔과 질문

Q1. 내 인생 가운데 가장 낮아졌을 때가 언제였는가? 그때 내 곁에 계신 하나님을 느꼈는가?

Q2. 하나님이 낮은 곳을 좋아하시는 이유는 무엇일까?

Chapter 8

한 영혼을 위해
얼마나 희생하고
있는가

한 영혼을 위해
얼마나 희생하고 있는가

'김종수'라는 한 영혼을 위해

하나님은 만세전부터 원대한 계획을 세우셨다.

보잘것없는 그 한 영혼을 위해

자신의 아들을 보내셨고

그 아들 대신 나를 살게 하셨다.

그리고는 나를 아들로 삼아 주셨다.

나라는 '한 영혼'을 위해

그런 말도 안 되는 역사를 이루셨다.

그 모든 게

나라는 '한 영혼'을 위한 대작전이었다.

이제 하나님은 나에게 말씀하신다.
한 영혼의 가치가 얼마나 소중한지를 알겠느냐고.
한 영혼에게 주어진 사명이 얼마나 위대한지를 알겠느냐고.

그리고 한 가지를 덧붙이신다.
한 영혼을 살리기 위해서는 희생이 필요하다고.

이제 나도 나를 희생해야 한다.
예수님의 희생으로 다시 태어난 나이기에
그 희생으로 죽을 위기에서 벗어난 나이기에
또 다른 한 영혼을 위해
나를 버리고 포기해야만 한다.
한 영혼을 위해 내 시간을 포기하고
한 영혼을 위해 내 만족을 버리고
한 영혼을 위해 내 자신을 희생시켜야 한다.

하지만 그 희생이 두렵지 않다.
그 포기가 아깝지 않다.
그 희생은
또 다른 영혼을 살릴 씨앗이 되기 때문이다.
무엇보다 희생의 대가로 지금 내가 여기 있기 때문이다.

아무도 없게 해주시옵소서

"따르릉"

"예. 섬기는교회입니다."

"목사님과 통화할 수 있나요?"

"아. 네. 지금 안 계십니다."

"네. 다음에 다시 전화 드릴게요."

우리 교회가 부흥한다는 소식을 옆 교회의 여전도사님이 접하게 되셨던 모양이다. 전도사님은 나름의 비결 같은 것을 물어보고 싶으셨던 것 같다. 전도사님은 그 이후로도 매일같이 전화를 주셨다.

"안녕하세요. 오늘은 목사님과 통화할 수 있나요?"

"오늘도 안 계시는데요, 혹시 무슨 일로 전화 주셨나요?"

"네. 섬기는교회가 부흥한다는 소식을 들었어요. 어떻게 부흥했는지 궁금해서요."

"그러시군요. 그런데 저희 목사님이 일찍 나가셔서 늦게까지 안 들어오세요."

"네? 아니, 왜요?"

"글쎄요. 아무튼 목사님은 일찍 나가서 저녁 늦게 들어오세요."

교회를 개척하고 나서 할 수 있는 일이 아무것도 없었다. 사람이 없으니 양육과 훈련도 불가능했다. 선교나 구제도 할 수 없었다. 말 그대로 아무것도 할 수 없었다.

그런데 그 와중에도 할 수 있는 일이 딱 하나 있음을 알게 되었다. 바로 기도하는 것이었다. 그때부터 저녁이면 지하실 예배당 강단에 올라가서 기도하기 시작했다.

"하나님의 은혜가 이 전에 충만하게 하옵소서."

그땐 기도로 이 전을 채워야겠다는 생각뿐이었다. 할 수 있는 게 기도뿐이니, 채울 수 있는 것도 기도뿐이었던 것이다.

"하나님. 이 성전의 공기가 기도로 따뜻해지게 하옵소서."

"이 전에 들어오는 모든 심령이 예수의 사람으로 변화되게 하옵소서."

교회 개척을 시작하면서 한 번도 교회건축을 기도하거나 상상해 본 적이 없다. 당시 교회를 개척해야 하는 여러 가지 이유 중 하나는 하나님과 깊이 교제하면서 하나님의 다스림을 받는 것이었다. 한번은 교회를 개척했을 당시 신대원 동기들이 지하실 개척 교회를 방문하였는데 그중 한 친구 목사님이 물었다.

"강도사님 왜 교회를 개척하십니까?"

그때 주저 없이 대답하였다.

"예. 하나님께 직접 사사를 받고 싶어서요."

"사도 바울의 아라비아 광야처럼… 저라는 사람이 워낙 완악하고 교만하여 쉽게 변하지 않거든요. 하나님께 '직접' 다스림을 받고 싶어요. 하나님이 저를 친히 다스려 주셨으면 좋겠어요."

정말 그런 마음이었다. 하나님의 얼굴을 대면하기 위하여 시내 산에 오르는 모세의 마음으로 매일 주님 앞으로 나아갔다. 좀 더 가까이…. 좀 더 가까이…. 하루 종일 한 사람 찾아오지 않는 예배당에서 성경을 묵상하고 기도하면서 시간을 보냈다. 정말 하나님의 마음이 느껴지고 하나님의 음성이 곧 들릴 것만 같았다. 매일 저녁, 아무도 없는 지하실 예배당에 가서 강단에 무릎을 꿇었다. 그 시간이 너무 좋은 시간이었다.

며칠이 지났을까. 하루는 기도하는데 갑자기 나도 모르는 사이에 눈물이 울컥 쏟아졌다. 감사의 눈물이 아닌, 원망과 한탄의 눈물이었다.

"하나님, 대체 이게 뭡니까?"

"제 꼴 좀 보세요. 제가 언제 목사 한다고 했습니까?"

"언제 제가 먼저 교회 개척한다고 했습니까?"

"7년 동안을 신학공부하라고 하시더니, 겨우 이렇게 지하실 개척교회로 보내십니까? 여기 보내시려고 그 오랫동안 공부시키고 훈련시키셨습니까?"

내가 나를 봐도 꼴이 말이 아니었다. 내 신세가 얼마나 한심스러웠는지, 한참 눈물을 흘렸다. 그때는 억울하다는 생각뿐이었다.

시간이 지나고 어느 정도 눈물이 잦아드는 듯 했다.

'다 울었나?'

그런데 그 순간부터 또 다른 눈물이 흐르기 시작했다. 갑자기 두려움이 몰려오기 시작한 것이다. 무엇을 어떻게 해야 할지 몰랐다. 아무것도 준비

되지 못한 내가 영광스런 주님의 몸 된 교회를 어떻게 세워 나가야 할지 너무나 두려웠다. 순간 겁에 질려 눈물이 터져 나온 것이다.

한참을 그렇게 눈물을 흘리는데 갑자기 나 스스로에게 이런 질문을 하게 되었다.

'뭐지? 지금 내가 왜 울고 있는 거지?'

아까는 내 상황을 한심하게 느껴져 울었는데, 이제는 울고 있는 내 모습이 오히려 한심하게 느껴졌다.

'하나님께서 나에게 피로 주고 사신 주님의 교회를 맡겨 주셨는데 신세타령이나 하고 있었다니….'

'지금까지 주님께서 내 삶의 순간순간에 간섭해 주시고 인도해 주셨는데! 그 인도하신 흔적이 이렇게도 많은데…. 그런데도 이렇게 두려워만 하고 있었다니….'

그때 주님께서 이런 마음을 주셨다.

"내가 다 인도할 텐데 무엇을 두려워하느냐. 왜 울고만 있느냐. 이제 그 울음을 바꾸는 게 어떻겠니? 주님이 그러셨던 것처럼 영혼을 향한 눈물로 바꾸면 어떻겠니?"

그 순간, 기다릴 것도 없이 세 번째 눈물이 흐르기 시작했다.

"하나님, 저의 미련함을 회개합니다. 주님께서 나의 마음에 주님의 마음을 부어 주옵소서. 영혼을 향한 갈급함을 채워 주옵소서."

그리고 그다음 날부터 밖으로 나가 전도하기 시작했다. 전도의 방법도 모르고 아무런 준비도 없었지만 한 가지 원칙을 세웠다.

"아침 일찍 나가서 저녁 늦게까지 집에 들어가지 말자! 무엇을 하든지 집에는 가지 말자."

그렇게 원칙을 세운 후 전도에 매진했다. 정말이지 목회자가 교회를 돌보고 말씀을 준비하는 사역 외에 할 것이 무엇이겠는가? 전도밖에 없다. 전도뿐이다. 사실 교회나 집에서 쉴 수도 있다. 담임목회자가 좀 쉰다고 해서 아무도 뭐라 하지 않는다. 하지만 하나님을 생각하면 그냥 가만히 앉아 있을 수만은 없다. 일단 밖으로 나오는 게 상책이다. 하나님께 밉보이지 않으려면 한 사람이라도 더 붙들고 전도해야 한다.

그래서 스스로에게 이런 슬로건을 띄우곤 했다.

'노느니 전도하자!'

물론 여기까지만 읽어보면, 내가 처음부터 '열정적으로 전도를 하는 목사', '영혼구원을 위해 최선을 다하는 훌륭한 목사'인 것처럼 보일지도 모르겠다. 발로 뛰는 전도를 통해 교회를 성장시킨, 그런 모범이 되는 목사처럼 느껴질 수 있다.

그러나 주님이 주시는 마음을 붙들고 열정적으로 전도한다고는 했지만 돌아보면 부끄러운 일들도 가득하다. 물론 마음속에 영혼구원에 대한 갈망은 컸다. 문제는 영혼구원을 향한 갈망보다 사람을 마주하는 것에 대한 두려움이 더 컸다는 사실이다.

평신도도 아니고, 목회자가…. 영혼구원에 앞장서는 것도 모자라, 영혼구원을 위해 목숨을 걸어야 할 목회자가…. 복음을 증거할 때마다 떨었다. 그것도 아주 심하게…. 교회 안에서는 그리도 당당하게 복음을 증거하던 내가, 세상에 나가는 순간 발이 굳어 버리고 입이 얼어붙어 버렸다. 부교역자 시절부터 설교에 단련이 되어 있었으니 충분히 복음의 진수만을 잘 모아 전달할 수 있을 법도 한데, 전도 현장에서는 그저 막막할 뿐이었다. 마냥 어렵고 마냥 부담이 되었다. 그래도 기도를 간절히 하고 나니 조금 나아졌다. 기도만 하면 용기가 생겨 얼른 주보와 전도지를 주섬주섬 챙겨들고 전도하러 밖으로 나가곤 했다.

한번은 노방전도를 하는데, 하나님께서 아파트 전도로 방향을 틀라는 마음을 주셨다. 사실 노방전도는 그냥 전도지를 나눠 주면 끝이다. 바쁘게 오가는 사람을 붙잡고 복음을 증거하기가 어려운 경우가 많다. 그러나 아파트 전도는 단지 안에 거주하는 사람을 공략하는 것이기 때문에, 행인을 대할 때보다 복음에 대해 집중적으로 증거할 수 있다.

그렇게 시작된 아파트 단지로의 진출…. 아파트 전도가 복음을 집중적으로 증거하기 위한 전도인 만큼 부담은 더 커져만 갔다. 노방전도는 한두 마디만 하고 전도지 한 장 쥐어 주면 끝인데, 이제 어쩌란 말인가…. 일단 단지로 들어온 후 이리저리 둘러보았다.

'누구에게 복음을 전해야 하나.'

그날따라 유난히 사람이 없어 보였다. 있는데 없다고 착각했는지도 모르지만, 일단 내 눈에는 잘 보이지 않았다. 다행이었다. 한마디로 빠져나갈 구멍이 생긴 셈이다.

'하나님. 사람이 없네요. 전도 좀 하려는데, 오늘따라 왜 이렇게 단지 안에 사람이 없을까요? 그럼 전 이만….'

그런데 그걸 가만히 두고 볼 하나님이 아니셨다.

"벨을 누르면 되지 않겠니?"

밖에 사람이 없으면 안으로 들어가면 되지 않냐고 말씀하시는 하나님…. 역시 하나님은 만만치 않은 분이었다. 내 잔꾀에 넘어가실 리가 없다. 그나저나 큰일이었다. 단지에서 만나 복음에 대해 증거하는 것도 부담스러운데 이제 안으로 들어가라니….

엄청 부담은 컸지만 피할 수는 없었다. 피한다고 하나님이 가만두지 않으심을 알기에! 영혼구원 앞에서는 그 어떤 양보도 없으신 분이 하나님이심을 너무나 잘 알기에!

결국 무작위로 집을 선정하여 벨을 누르기로 했다. 그리고 기도했다. 담대함을 달라고? 복음을 잘 전하게 해달라고? 아니다. 나는 그 어떤 때보다 간절하게, 다음과 같이 기도했다.

"주여! 아무도 없게 해주시옵소서."

이것이 개척 초기, 나의 모습이었다. 복음을 그 누구보다 당당하게 증거해야 할 개척교회 목사의 부족한 모습이었다.

갈급했던 영혼을 통해 갈급한 영혼을 살리시는 주님

그렇게 복음을 증거할 때 떨고 망설였던 나. 그러나 그런 연약함을 잘 아시는 하나님은 나에게 복음을 전할 때 활용할 수 있는 더없이 유익한 무기 하나를 허락하셨다. 그 무기가 바로 연약함이다. 연약한 나에게 허락하신 무기가 연약함이라니…. 하나님다운 발상이 아닐 수 없었다.

하루는 어떤 자매와 상담을 한 적이 있었다. 그 자매는 남편과 자녀 문제로 심각한 마음의 상처를 안고 살아가고 있었다. 당연히 복음을 제대로 접해 본 적도 없었다. 한참 동안 자매의 넋두리를 들었다.

"남편이 아니라 웬수예요. 웬수."

"그나마 의지했던 자식들까지도 이제는…. 속만 태워요. 내 속이 새까맣게 탔어요!"

자초지종을 듣는데, 당사자도 아닌 내가 다 답답해졌다. 당사자가 아닌 사람이 답답할 정도면 당사자의 마음은 오죽할까? 그런데 솔직히 지금 이 상황에서 내가 도움을 줄 수 있는 것이 없었다. 남편과 자식의 문제는 물론 답답함을 완전히 털어낼 수 있도록 상황을 바꾸어 줄 수도 없는 것이다.

자매의 이야기를 들으며 연신 고개를 끄덕이고 충분히 공감해 주었다. 고통 가운데 있던 자매의 이야기를 들으면서, 지난날 나의 상처가 저절로 떠올랐다. 상처와 고통의 종류 자체가 다르긴 하지만, 자매의 고통이 나의 고통으로 인식될 정도로 진심으로 공감이 되었다. 지난날, 이사를 여러 번

다니며 신세한탄을 했던 모습들, 미쳐가는 어머니를 보며 나도 미쳐가려 했던 기억들, 오랜 기간 병마와 싸우며 학교 공부조차 제대로 할 수 없었던 아픔들. 그 모든 것들이 하나씩 떠올랐고 자매가 느끼는 '답답함'이 얼마나 괴로운 것인지를 조금이나마 이해할 수 있었다.

그래서 더욱 간절히 기도해 줄 수 있었다. 그리고 깨달았다. 나를 그 답답함으로부터 빠져나올 수 있게 해준 유일한 해결책 '복음'이 자매를 구할 수 있는 유일한 비책임을! 물론 목사가 가정문제로 고민하는 불신자를 찾아가 상담을 해준다는 자체가 궁극적으로 복음을 전하기 위함임을 모르는 사람은 없을 것이다. 또한 복음이 그 어떤 문제의 유일한 해결책이자 해답이라는 것도 그리스도인이라면 당연히 알 것이다. 하지만 기계적으로 복음을 들이미는 것과 내가 상대의 아픔을 통감한 후 복음을 전하는 것은 다르다. 복음에 대한 갈급함을 나부터가 다시금 느낄 수 있을 때… 그때 복음을 권해야 진심을 다해, 열정을 다해 하나님을 증거할 수 있다. 하나님밖에는 길이 없음을 간절하게 호소할 수 있다.

즉, 위로의 하나님을 경험해 본 사람이야말로 위로받은 영혼에게 다가갈 수 있고 자신이 경험한 위로의 하나님을 온전히 전할 수 있다. 그냥 '하나님은 좋은 분'이라고 입으로만 전하는 것이 아니라, 하나님이 얼마나 좋으신지를 내 삶을 통해 증거할 수 있는 것이다.

그렇게 나는 그 자리에서 자매에게 예수님을 소개하였다. 아마도 자매는 살아오면서 복음의 메시지를 어떤 방식으로든 한 번 이상은 들어보았을 것이다. 이렇게 일대일로 전도를 받아본 적은 없다 할지라도, 오가면서 하나님에 대한 이야기를 몇 번은 들어봤을 것이다. 그러나 과거에는 그 메시지가 자신과는 아무 상관이 없는 메시지였을 것이다. 그냥 흘려도 되고, 마음에 받아들일 필요가 없는, 그런 메시지라고나 할까.

하지만 그때 대화를 나누던 그 순간만큼은 복음이 온전히 들어갈 수 있었다. 성령님이 자매의 상한 마음을 두드리고 계시는 그런 순간이었던 것이다. 나는 복음을 전한 후, 진심을 다해 기도했다. 성령님이 자매의 마음을 열어 주시길…. 나를 만나 주셨던 예수님이 자매님을 동일하게 만나 주시길….

역시나 자매는 그 자리에서 복음을 받아들이고 예수님을 영접했다. 순수한 마음으로 예수님을 자신 안에 모셨다. 놀라운 것은 그 순간, 자매의 얼굴이 완전히 달라졌다는 사실이다. 이전까지 설명하기 어려운 답답한 마음이 얼굴에 그대로 나타났다면, 영접한 이후로는 그보다 밝고 환한 얼굴이 없을 정도로 행복한 웃음을 짓고 있었다.

사실상 아무것도 달라진 것이 없는데…. 실질적인 문제를 해결할 수 있는 어떤 솔루션이 제공된 것도 아닌데…. 그러나 당사자가 이미 달라져 있었다. 예수님을 영접하기 전과 영접하고 난 후의 모습은 동일 인물이라고 보기 어려울 정도였다. 자매는 고백했다.

"이렇게 좋은 것을 왜 이전에 가르쳐 주지 않으셨나요?"

"이제 예수님을 잘 믿으렵니다."

완벽하게 달라진 그 얼굴 표정으로 이렇게 말했다. 복음이 한 영혼과 한 가정을 살리는 순간이었다.

자매가 예수님을 영접하는 것을 보며 한 가지 사실을 깨달았다. 갈급한 영혼은 준비된 영혼이라는 것을…. 그리고 고난은 복음을 받아들이게 하는 토양이 될 수 있다는 것을…. 그러니 그 기회를 잘 잡아야 한다. 갈급한 영혼들을 놓쳐서는 안 된다. 누군가의 고난과 갈급함은 하나님이 전도하라고 보내신 거룩한 신호다. 지금 당장 복음을 전하라는 사인이다. 그리고 성령은 그 순간, 바로 옆에서 대기하고 계시다가 복음이 들어갈 수 있는 길을 터 주신다.

한편 답답하기만 했던 나의 과거가 누구보다 답답한 상황에 있던 자매에게 다가갈 원동력이 되었던 것처럼, 그 자매 역시 언젠가는 누군가를 치유할 존재로 새롭게 세워질 것이라는 확신이 들었다. 고통 속에서 하나님을 원망하고 대적하던 내가 이제는 그 고통을 통해 하나님을 더 강력하게 증거하는 목회자가 될 수 있었던 것처럼, 그 자매 역시 자신에게 찾아왔던 숱한 아픔의 기억들을 통해 보다 많은 사람을 사랑으로 품고 복음을 전할 수 있게 되지 않을까.

하나님은 그런 분이시다. 사랑하는 자녀에게 이유 없이 고통을 허락하지 않으시는 분이다. 고난 가운데 우리를 내버려 두지 않으시고 고난 때문에 망하게 하지 않으신다. 고난 가운데 오히려 그를 만나 주시고 그 고난을 통해 하나님을 증거할 자격을 허락하신다.

진실로 진실로 너희에게 이르노니 내 말을 듣고 또 나 보내신 이를 믿는 자는
영생을 얻었고 심판에 이르지 아니하나니 사망에서 생명으로 옮겼느니라
(요 5:24)

한 영혼을 낳는다는 것, 그 고귀함에 대하여

어느 날 새벽에 기도를 하는데 갑자기 아들에 대한 기도가 나왔다. 교회
를 건축하고 열심히 목회해야 할 그 시점에 갑자기 그런 기도가 나오자 당
황스러웠다. 심지어 하나님은 나에게 은혜를 더하신다는 응답을 주셨다.
그런데 집에 돌아오자 더욱 놀라운 일이 생겼다.

"우리도 아들 하나 낳으면 좋지 않을까?"

아내의 말이었다. 이미 딸 둘을 낳아 잘 기르고 있는 엄마라면 셋째에 대
해서는 고개부터 젓는 게 일반적인 모습일진데, 오히려 아내는 먼저 그런
제안을 했다.

갑작스레 아들에 대한 기도가 나온 것…. 그리고 아내의 돌발발언이 이
어진 것…. 뭔가 심상치 않았다.

'그래. 응답이다!'

'아들을 주시겠다는 하나님의 사인이다.'

'이참에 아들을 기다리시는 어머니에게 효도라도 하자.'

얼마 후, 실제로 아내는 임신을 했고 병원에서도 미리 축하인사를 해주

었다.

"목사님, 축하드립니다. 아들인 것 같습니다."

축하 인사가 고맙긴 했지만 놀랍지는 않았다. 이미 나는 응답을 받았으니까…. 역시 하나님은 일사천리로 일을 진행시키시는 것 같았다.

세월은 금방 지내갔다. 어느새 출산일이 다가오고, 정확한 예정일을 잡기 위해서 마지막으로 산부인과 검진을 갔다. 굳이 물을 필요 없지만 선생님께 다시 한 번 물었다. 확인사살이라고나 할까.

"선생님. 출산준비물은 분홍색으로 할까요? 파란색으로 할까요?"

굳이 대답을 들을 필요는 없었다. 파란색이겠지 뭐…. 형식적인 질문이니, 대답을 귀 기울여 들을 필요도 없다고 생각한 그 순간이었다.

"네. 분홍색 준비하시면 될 것 같습니다."

예상과는 다른 답변…. 그러나 동요하지는 않았다. 초음파를 통한 확인도 정확하지 않을 수 있으니까. 문득 우리나라 과학기술 분야에 대한 연민의 마음이 들기까지 했다.

'아직도 과학기술에 있어 오류가 많구나. 우리나라 과학기술, 앞으로 더 많이 발전해야 할 텐데.'

의사선생님의 답변이 어떠하든, 나는 이미 받은 응답대로 출산 준비물을 모두 파란색으로 준비했다. 만에 하나, 딸이라 한다 해도 문제될 리 없다고 보았다. 내가 믿는 하나님은 없는 것을 있게 하시는 전능하신 하나님이 아니신가! 기도의 응답대로 아들로 바꾸어 주실 거라 믿어 의심치 않았다.

출산일, 아내는 세 번째 출산임에도 여전히 두려워하고 있었다. 수술방으로 들어가는 아내의 손을 잡고 기도했다.

"하나님, 아들을 주셔서 감사드립니다. 무사히 수술 잘 마칠 수 있도록 하나님께서 모든 과정에 간섭하시고 역사해 주옵소서!"

아내가 수술방으로 들어간 지, 한참 후에 우렁찬 아기 울음소리가 들렸다. 역시나 소리만 들었을 뿐인데 아들임에 틀림없었다. 이제 조금 있으면 아들을 만날 수 있다니 마냥 설레고 떨렸다.

얼마 후 간호사가 아기를 안고 나왔다. 방긋 웃으며 인사를 건넨다.

"축하드립니다. 공주님입니다."

잘못 들은 게 분명했다. 살다 보면 그럴 수도 있지 뭐…. 제대로 못 들을 수도 있지 뭐…. 그런데 정말로 아들이 아니었다. 순간, 나도 모르게 옆에 놓아둔 출산 준비물을 방에 던져 놓은 채 밖으로 나가버렸다.

'하나님, 이게 대체 무슨 상황이죠?'

이후, 20일 동안 아이를 만져보지 않았다. 대신 내 심정을 고스란히 담은 이름을 지어 주었다.

"아이의 이름은 너무 서운해서…. '서운' 혹은 '(김)팍새'다!"

나는 하나님께 단단히 화가 났다. 새벽마다 교회에 가서 기도를 하지만 기도가 될 리 없었다. 보통 새벽기도 시간에 성도들 보다 먼저 나갈 수 없어 자리를 지키는데, 1시간이 그토록 길게 느껴질 수가 없었다. 하루는 아예 작정하고 하나님을 향해 따지듯 물었다.

'하나님! 왜 아들을 주신다면서 딸을 주셨습니까?'

솔직히 내가 화가 나고 서운했던 것은 딸이었기 때문이 아니라, 하나님의 응답과 다른 결과가 나왔기 때문이었다. 어떻게 이런 걸 가지고 장난을 치실 수 있단 말인가!

그러던 어느 날, 하나님께서 새벽에 갑자기 나에게 물으셨다. 아기가 태어난 지 20일째 되는 날이었다.

"김목사. 너 왜 나에게 화가 났니?"

"…"

솔직히 대답하기도 싫었고 대답할 필요도 없었다. 대답한들, 뭐가 달라지기나 할까. 빨리 그 자리를 뜨고 싶었다. 그러나 권사님 한 분이 아직 남아계셔서 나갈 수도 없는 노릇이었다. 그냥 버티고 있을 수는 없기에, 억지로나마 대답을 했다.

"하나님, 화가 나지 않게 생겼습니까? 이제 저는 어떻게 목회를 하겠습니까? 이미 성도들에게 말했는데…. 하나님께서 저에게 아들을 주셨다고 선포하였는데…. 이제 영력 없는 목사가 되어 버렸으니 어떻게 목회할 수 있겠습니까?"

이제 하나님이 사과하실 차례다. 당장 사과를 받고 싶은 마음은 없지만, 그래도 변명이나마 듣고 싶었다. 아니면 뒤늦은 위로라도…. 그런데 이어지는 하나님의 대답은 내 예상을 완전히 빗나갔다.

"내가 너에게 언제 아들 준다고 했니? 나는 너에게 은혜를 하나 더한다고 했을 뿐이다."

머리에 갑자기 전기가 흐르는 것 같았다. 너무 놀라서 순간 강대상 바닥에 엎드렸다. 아주 납작하게, 바닥에 몸이 다 닿을 정도로 미끄러지듯이 엎드렸다.

"하나님, 잘못했습니다. 하나님께서는 저에게 은혜를 더해 주셨는데 '서운'이라니…. '팍새'라니…. 정말 죄송합니다."

그 순간, 딸아이의 이름을 바꾸었다.

'김 가 은.'

은혜를 더한다는 하나님의 약속을 담아 이름을 지었다. 너무나 예쁘고 의미 있는 이름이었다.

그리고 하나님은 영혼 사랑이라는 구호 아래 목회를 한다지만 여전히 교만에 빠져 있던 나를 완전히 깨뜨려 버릴 만한 말씀을 하셨다.

"너는 아내에게 가서 배워라. 너는 얼마를 주면 너의 배를 세 번 가를 수 있겠니? 너의 아내는 생명 하나를 얻기 위해서 세 번째 배를 갈랐느니라. 너는 영혼을 위해서 얼마나 값을 지불하였느냐?"

여자는 예뻐지기 위해서 어떤 대가도 지불할 수 있다. 예뻐지기 위해서 맛있는 것을 절제하는 것은 물론, 그렇게 하기 싫은 운동도 꾸준히 한다. 때로는 많은 돈을 들여 의사에게 자신의 얼굴을 맡기기도 한다.

그러나 그렇게 아름다운 몸매와 얼굴이 아이를 하나, 둘 낳으면서 변해간다. 여자에서 엄마가 되어 버리는 것이다. 그리고 엄마가 되면서 여자의 자존심은 모두 내려놓게 된다. 물론 여자의 입장에서 서글픈 일이긴 하지만, 엄마가 된 이상 충분히 그 과정을 받아들인다. 엄마라는 위대한 존재는 하나의 생명을 얻기 위한 희생이 얼마나 고귀한 것인지를 잘 알기 때문이다.

그 순간, 셋째 딸의 존재가 얼마나 사랑스럽게 다가왔는지 모른다. 그리고 희생으로 생명을 낳은 아내도 그토록 존경스러울 수 없었다. "내가 너희를 복음으로 낳았다."는 사도 바울의 고백…. 아마 아내는 실감할 것이다. 내가 어설프게 공감할 수밖에 없는 그 말씀은 아내는 제대로 알고 이해할 것이다. 생명을 낳는 그 위대한 수고를 감내해 온 여인이기에…. 생명을 낳기 위해 얼마나 큰 고통이 수반되어야 하는지를 세 번이나 경험해 본 여인이기에….

집에 오자마다 아내의 손을 잡았다. 산후조리 중이라 여전히 몸이 성치 않은 아내를 보니 눈물이 나올 것 같았다. 손을 잡은 채로 진심을 다해 고백했다.

"당신이 나보다 고수야."

이런저런 간드러진 미사여구가 곁들여지지 않은, 아주 정제되면서도 핵심만 담은 말로 마음을 전했다. 고백치고는 간소했지만, 그래도 이 말 한마디에 아내에 대한 존경과 감사, 사랑과 격려가 모두 담겨 있었다. 하지만 정작 이 말을 듣는 아내 입장에서는 내 말이 뜬금없게 다가올 뿐이었다.

"응? 무슨 말이야?"

깜짝 놀라 되묻는 아내에게 한 번 더 강조하며 말했다.

"당신이 나보다 고수라고…. 나는 영적인 생명을 얻기 위해서 당신처럼 세 번 배를 가를 수는 없을 것 같아. 정말 고마워. 수고했어. 이제 우리 셋째 이름은 가은이야."

그리고는 서운이, 아니 가은이를 바라보는데, 마냥 사랑스럽고 예쁠 뿐이었다.

'이렇게 예쁜 아이를 그동안 안아보지도 않았다니.'

그렇게 하나님께서 나의 마음을 만지자 서운했던 마음이 한순간에 변해버렸다. 그때 다시금 깨달았다. 성령님이 우리의 상처 난 마음을 만지셔야 하는 이유를! 이전에도 충분히 체험했지만, 정말 오랜만에 그 위대한 능력을 다시금 체험했다. 상처받은 마음을 온전히 치유하시고 그 어떤 쓴뿌리도 남지 않게 하시는 성령의 역사를….

그리고 무엇보다 생명을 낳는 고귀함과 한 영혼의 소중함을 깨달았다. 하나님은 나에게 가은이라는 소중한 한 영혼을 은혜로 허락하셨지만, 이 모든 과정을 통해 또 다른 한 영혼 한 영혼을 귀하게 바라보는 은혜까지 허락하셨다. 그야말로 갑절의 은혜다.

사실 이 마음을 갖게 해주시는 것은 목사에게 있어 가장 큰 선물이 아닐 수 없다. 그동안 나는 '영혼을 사랑할 줄 아는 사람'이라고 자신했지만, 그것은 착각과 교만에 불과할 뿐이었다. 나는 영혼을 품고 새 생명으로 탄생시키는 인내의 과정조차 이해하지 못하는 사람이 아니었는가. 그런 나에게 하나님은 생명을 낳는 숭고함과 그 생명이 갖는 위대한 가치를 간접적으로 나마 알게 하신 것이다.

그날 이후로 나는 전도에 대한 새로운 전기를 맞이하게 되었다. 그 이전 까지, 사실 나는 영혼구원에 매진하는 영혼사랑의 선두주자라고 생각했다. 개척 때부터 전도에 매진했고 목회의 우선순위를 영혼구원에 두고 있었으 니, 나만큼 영혼을 사랑하는 사람도 없다고 생각한 것이다.

그런 나를 하나님은 한순간에 엎드리게 하셨다. 처음부터 다시 시작하게 하셨고 새롭게 깨닫게 하셨다. 복음을 전하는 것은 기술이 아니라, 희생임 을…. 누군가의 희생을 통해 태어난 귀한 한 영혼이 하나님 안에서 다시 태 어나게 하려면 나의 희생이 또다시 필요하다는 것을….

나눔과 질문

Q1. 한 여인이 한 아이를 낳기 위해 수고하는 모든 과정을 보며 무엇을 느끼는가?

Q2. 나는 영혼구원을 위해 어느 정도 희생하고 있는가?

Chapter 9

행여 일이
잘못된다 해도 괜찮다.
하나님이
함께하신다면…

행여 일이 잘못된다 해도 괜찮다.
하나님이 함께하신다면…

들어가기 전에 ───────────────

많이 모자랐다.

여러 모로 부족했다.

때로는 그 가운데서 자책도 했다.

그러나 하나님은 자책도, 후회도 거두라고 하셨다.

모자람과 부족함,

그것이 하나님의 은혜라고 하셨다.

모자람과 부족함,

그것이 하나님이 들어가실 공간이라고 하셨다.

모자람과 부족함,
그것이 기도를 쉬지 않게 할 동력이 된다고 하셨다.

인간이기에 실수할 수 있지만
하나님 안에서의 실수는
성숙과 도약을 향한 디딤돌이었다.

인간이기에 무엇인가를 돌이킬 수 있지만
하나님 안에서의 돌이킴은
회개의 열매를 맺고
장성한 분량에 이르게 하는 기반이 되었다.

하나님이 함께하시는 이상
틀려도 괜찮다.
몰라도 괜찮다.
다시 시작해도 괜찮다.
그 순간 하나님만 다시 붙들 수 있다면
하나님의 이름을 다시 부를 수 있다면
하나님은 언제든지 회복의 은혜를 부어주신다.
얼마든지 복된 미래를 허락해주신다.

하나님은 하나님이시기에
그 모든 것이 가능하다.

75주 동안의 기적과 교회 이전에 대한 꿈

"안녕하세요."

"아, 안녕하세요. 그때 거기서 뵈었던….."

"네. 맞아요. 오늘 처음 와보네요."

"너무 환영합니다. 잘 오셨어요. 여기로 앉으세요."

설마 했는데 누군가가 왔다. 예상했던 분도 아니었다. 얼마 전 전도하면서 마주치게 된 분이 이렇게 교회로 발걸음해 줄 줄이야. 비록 그날 등록은 하지 않았지만 하루라도 함께 예배를 드릴 수 있어 하나님의 인도하심에 감사할 수밖에 없었다.

그 다음 주…. 이번엔 또 다른 분이 등장했다.

"섬기는교회…. 맞죠? 간판 보고 오긴 했는데."

"아이고. 어떻게 잘 찾아오셨네요. 지하실이라 찾기도 어려우셨을 텐데. 여기로 오세요. 주님의 이름으로 환영합니다."

이분 역시 길에서 잠깐 만나 전도했던 분이라, 교회에 오리라고 생각하지 않았다. 그런데 예배 시간에 맞춰 기적처럼 등장했고 심지어 그날 등록까지 했다.

교회가 개척되고 난 후, 하나님은 섬기는교회에 정말 많은 축복을 허락하셨다. 하나님의 사랑을 실감할 정도로 놀라운 일들이 많이 벌어졌다. 기적이라고 할 수 있을 정도의 일들도 나타났다. 무엇보다 하나님은 열악하기 그지없는 지하실 예배당에 개척 후 75주 동안, 한 주도 빠짐없이 새신자를 보내 주셨고 그들을 환영할 수 있게 해주셨다.

어떻게 매주일 끊이지 않고 새신자를 보내 주시는지 신기하고 놀라울 뿐이었다. 그래서 매주 토요일이 되면 내일의 역사가 기대되고 기다려졌다.

'내일은 하나님께서 어떤 새신자를 보내 주실까?'

'하나님, 내일은 어떤 분인가요?'

그 설렘으로 주일을 기다렸다. 놀랍게도 주일이 되면, 어제까지 꼭 오겠다고 호언장담하던 사람은 안 오고, 절대 안 올 것 같던 사람이 등장하곤 했다. 그래서 더 감격스러웠다. 하나님의 인도하심으로밖에 느껴지지 않았다.

물론 그날 바로 등록을 하시는 분도 있고 몇 주 지난 후에 다시 와서 등록을 하는 분도 있었다. 아니면 그날만 예배를 드리고 다시 안 오시는 분도 있었다.

어찌되었든 하나님은 등록 여부와 상관없이 적어도 한 명 이상은 꼭 교회로 보내 주셨다. 교회가 개척되고 난후 75주 내내…. 우연도 아닌, 우리의 노력 때문도 아닌 전적인 하나님이 베풀어 주신 기적이었다.

심지어 명절 연휴에도, 새로운 성도가 한 분 이상은 꼭 들렀다.

'명절 연휴니, 오늘은 새로운 분이 안 오시겠지.'

이런 생각을 하며 원래 계시던 성도님들과 예배를 드리려는 순간, 갑자기 교회문이 열린다. 누군가가 '빼꼼' 하고는 고개를 내밀며 들어온다. 조금

쑥스러운 표정을 지은 채로.

"어서 오세요. 주님의 이름으로 환영합니다."

"명절 때 부모님 댁 왔다가…. 마침 교회가 근처에 있어서 들어왔어요."

"아, 그러시군요. 너무 환영합니다. 함께 예배드릴 수 있게 되어 좋습니다."

그렇게 75주 동안, 매 주 한 명 이상의 새가족이 오게 되었고 어느새 지하실 성전도 성도들을 수용하기 어려울 정도가 되었다. 사모 한 명을 두고 새벽예배 설교를 하던 때가 엊그제 같은데 어느새 70여 명의 성도들과 함께 예배를 드릴 수 있게 된 것이다.

지하실 성전에 70여 명이 다 들어오기 어려운 상황이 되자, '교회 이전'에 대한 생각을 구체적으로 갖게 되었다. 그리고 개척한 지 1년 6개월이 되는 주일 낮 예배 광고 시간에 공식적으로 교회 이전에 대한 이야기를 꺼냈다.

"이제 지하실 교회에서 지상교회로 이전할 때가 되었습니다. 이를 위하여 기도합시다."

"아멘."

성도들도 현상황에서는 이전이 절실하다는 것에 공감할 수밖에 없었다. 물론 우리가 가고 싶다고 갈 수 있는 건 아니었다. 하나님이 허락하셔야 했고 하나님이 도우셔야 했다. 그러니 우리가 그때 할 수 있는 것은 기도밖에 없었다.

이것이 하나님의 뜻입니까?

교회 이전에 대해 공식적으로 광고를 한 지, 이틀이 지났을 때였다.

'공식적으로 공표했으니 이제 하나님의 인도하심이 있겠지.'

당장은 구체적인 무엇인가가 잡히지 않지만, 하나님의 인도하심이 있을 거라 믿었다. 지금까지 그래왔던 것처럼….

"따르릉, 따르릉"

이 박자에 울리는 전화! 뭔가 심상치 않았다. 그냥 일상적인 전화는 아닐 것만 같았다. 지금처럼 발신자가 찍히지 않는 시대였기 때문에, 괜히 더 궁금해졌다. 그날따라 뭔가 더 기대가 되었다고나 할까.

"목사님, 흰돌교회입니다."

'흰돌교회? 이럴 수가…'

흰돌교회는 내가 과거에 교육전도사로 사역했던 교회이자 두 번째 사역지였다. 솔직히 반갑기도 했지만, 한편으로는 당황스러웠다. 교회를 사임하고 난 뒤 한 번도 연락을 드리지 못한 터라, 흰돌교회를 떠올릴 때면 괜히 죄송한 마음부터 들곤 했기 때문이다. '한번 연락드려야지.' 하면서도 계속 미루기만 했는데, 목사님이 오히려 먼저 전화를 주셨으니….

"목사님. 안녕하세요. 그동안 연락도 못 드리고…."

"사역하느라 바쁜데, 연락 못하는 건 당연하지."

여전히 반갑게 대해 주시는 목사님께 감사할 뿐이었다. 사실 그 교회는 결혼하고 난 직후에 사역했던 교회다. 신혼집의 위치 문제로 사역지를 옮겨야 하는데 마침 집 근처에 흰돌교회가 있었고, 그곳에서 사역할 기회를 얻게 된 것이다.

그 교회는 당시 건축으로 어려운 형편에 있었다. 예배를 드리면 인부들이 와서 예배를 방해하는 경우가 다반사였다. 심지어 어떤 때는 예배당 전기를 내리기도 하였다. 그만큼 교회가 어려운 상황에 있다 보니, 6개월 동안 사역을 하면서도 1개월치 사례비밖에 받을 수 없었다.

어느 날 예배를 드리는데 갑자기 어려운 형편의 교회를 위해서 뭔가를 드리고 싶다는 생각을 하게 되었다.

'주님, 뭔가를 드리고 싶은데, 아시다시피 저는 가난뱅이 신학생입니다.'

정말로 드리고 싶은데 드릴 것이 없어 안타까운 그 상황에서, 하나님은 뭔가를 떠올리게 해주셨다.

'결혼반지!'

집에 있는 18k 결혼반지가 생각이났지만 물론 망설여졌다. 일반 반지가 아닌, 결혼을 기념하여 나눠가진 특별한 반지가 아닌가. 심지어 순금도 아니다. 돈으로 환산해도 얼마 되지 않아 교회에 별 보탬이 안 될 것만 같다.

'그래도 손에 끼고 다닐 것도 아닌데, 집에 모셔 둘 바에는 하나님께 드리는 것이 낫지 않을까? 얼마 안 되지만 교회에 조금이나마 보탬이 되지 않을까?'

나름의 결단을 하고 난 뒤, 그날 저녁, 아내에게 동의를 구해보기로 했다.

"우리 그… 결혼반지…"

"…?"

"교회도 너무 어렵고 한데 그 결혼반지를…."

"아! 난 또 뭐라고. 저도 좋아요. 주님께 드리자고 말하려 했죠? 그냥 다른 예물도 다 드려요. 18k 반지로는 너무 부족하지…."

역시 아내의 배포는…. 나보다 한 수 위였다. 그렇게 우리 부부는 결혼예물을 온전하게 하나님께 드렸다. 그러고는 교회가 정상적으로 회복되기를 간절히 기도하였지만 그 교회에서의 사역이 오래가지는 못했다. 사정상 6개월을 사역하고 사역지를 옮겼다.

그렇게 헤어지게 되었던 교회의 목사님과 다시 통화를 하게 되었고 정말 오랜만에 식사 자리를 갖게 되었다. 그런데 목사님은 식사 중에 갑작스런 제안을 하나 하셨다.

"우리 교회에서 목회하시죠."

흰돌교회 건물을 매입하여 목회를 하라는 말씀을 하신 것이다. 자초지종을 들어보니, 이전 교회가 안정이 되어 교회건축을 시작하였는데 안타깝게도 IMF를 만나 건축이 다시 중단되었다는 것이다. 하지만 우리라고 어렵지 않은 것은 아니었다. 우리 교회는 그 교회건물을 살 여력이 되지 않았다.

"목사님. 저는 아무런 돈도 없고 경험도 없습니다. 왜 저에게 교회를 사라고 하시는지요."

"목사님은 교회를 개척한 후, 잘 성장시켜 오지 않았습니까? 그러니 검증되었습니다."

"하나님께서 전적으로 하신 거라, 저는 한 게 없습니다. 여전히 부족할 뿐입니다."

"그래도 목사님이 과거에 어려운 우리 교회에 오셔서 헌신했던 모습을 성도들이 다 기억하고 있습니다. 그러니 목사님이 해주시면 좋을 것 같습니다."

교회 매입에 대한 목사님의 갑작스런 제안이 놀라울 뿐이었다. 그것도 교회 이전에 대해 공식적으로 선포한 지 얼마 지나지 않아 이런 일이 생기다니….

'이 정도면 하나님의 뜻 아닌가?'

물론 내가 결정할 수 있는 문제는 아니었다. 길이 열린다고 다 하나님의 뜻이라고는 할 수 없으니까! 그 옛날, 다 열린 미국 유학길을 포기하고 개척을 해야 했던 것처럼….

늘 그랬듯이 그날 밤 나는 하나님 앞에 무릎을 꿇었다.

"하나님의 뜻이 무엇입니까?"

순간, 그 옛날 어려운 교회에서 헌신하면서 눈물로 기도했던 것이 떠올랐다. 지금의 제안이 과거 헌신에 대한 보상이 아닐까 하는 생각이 들었다.

하나님은 우리의 조그마한 헌신도, 남몰래 교회를 위해 흘렸던 눈물도 생생하게 기억하시는 분이시니까….

결국 교회를 매입하고 이전할 것을 결정하였다. 지상교회로의 이전을 공식적으로 선포하고 기도를 한 지 얼마 되지 않아 본격적인 이전 준비에 돌입한 것이다. 물론 매입을 결정했지만 매입이 가능한 조건을 가지고 있던 것은 아니다. 아무것도 없는 지하실 교회에서 건물을 매입하는 것은 말이 되지 않는다. 심지어 지하실은 고사하고, 아직 1년 6개월밖에 되지 않은 교회가 아닌가! 그런 교회에 무슨 힘이 있겠는가.

하지만 하나님은 이제까지 우리를 인도하셨던 것처럼, 그분의 방식대로 모든 일을 이끌어 가셨다. 성도들 역시 열악한 상황에서 인도하시는 하나님의 방법과 하나님의 일하시는 모습을 생생하게 바라볼 수 있었다.

지하교회에서 지상교회로, 그리고 다시 지하교회로

교회 이전! 순리인 것 마냥 원활하게 진행되었다. 나름 우여곡절도 있었지만 무사히 이전하여 지상에서의 첫 예배를 드릴 수 있었다.

지하실 한 층에서 예배드리던 우리가 이제 지상 4층의 예배당 건물에서 예배를 드리게 되다니…. 그곳에서 처음 예배드리는 날, 너무도 감격스러웠다. 지하를 벗어난 것도 모자라 단독교회 건물이라니….

그러나 첫 예배를 드린 지 얼마 지나지 않아 인식하지 못했던 문제가 수면 위로 떠오르기 시작했다.

"목사님, 좀 좁지 않나요?"

"그런 것 같지요? 성도들이 다 들어오기에도 조금 부족한 것 같고…"

4층짜리 건물이라 마냥 크게만 느껴졌는데, 알고 보니 층당 평수는 작았다. 한 층만 두고 보면 지하실 교회의 크기와 거의 비슷했다. 그런데 그 사실을 이제야 알았다. 그동안은 인식조차 못했다. 예배당 크기가 지하실 교회와 같은 평수라는 사실을 그 누구도 몰랐고 그 누구도 문제를 제기하지 않았다.

솔직히 교회 이전의 가장 큰 이유는, 지하실 성전 안에 성도들이 다 못 들어오기 때문이었다. 단순히 지상으로 가고 싶어서가 아니라, 사이즈가 부족하여 다 함께 예배하는 데에 지장이 있었던 것이다. 그런데 이제 와서 어쩌란 말인가. 지금에 와서 교회를 옮길 수도 없는 노릇이다. 그러니 그냥 버텨보기로 했다.

그러나 늘어나는 성도를 감당하지 못하자, 그냥 그대로 버틸 수만은 없었다. 적어도 성도들이 들어가기에는 충분한 공간이 확보되어야 하지 않겠는가. 그 기본적인 사항에 제동이 걸리니 몇 주 내내 서로 힘들어 했다.

그뿐이 아니라, 매입한 교회의 빚이 생각보다 많았다. 각오는 했지만 각오했던 것 이상이라, 그 부분에서도 부담이 되기 시작했다.

그러던 어느 날, 가만히 앉아 하나님이 주실 축복을 생각해 보았다.

'지금까지 하나님의 방법으로 우리 교회를 이끌어 오신 하나님…. 그리고 앞으로도 우리 교회를 축복하시고 이끄실 하나님…. 하나님이 우리에게 주신 최적의 공간이 바로 여기일까?'

물론 이조차도 감사하지만 우리 교회를 향한 하나님의 뜻을 생각할 때, 여기는 아니라는 생각이 들기 시작했다. 이전하기까지의 전 과정에 하나님이 개입하셨음을 부정할 수는 없지만 그럼에도 하나님의 진짜 뜻은 다른 데에 있을 것만 같았다.

얼마 후, 기도하고 또 기도한 끝에 결정을 내렸다. 쉽지 않은 결정이지만 하나님은 기도 가운데 결단을 내리게 해주셨다.

'다시 지하실로!'

지상 교회로 이전하여 서로가 기뻐하던 때가 엊그제 같은데 다시 지하실 교회로 가게 된다고 하자 성도들이 가만히 있을 리 없었다. 드러내 놓고서든, 아니면 뒤에서든, 이런저런 불만이 가득했다.

여러 말들이 오고 가는 중에, 제직회가 열렸다. 공식적으로 경과보고를 하고 한참 회의를 진행을 하는데 조금은 예상했던 일이 벌어졌다. 한 남자 성도가 화를 내며 밖으로 나가 버렸다.

"목사님! 교회를 운영하면서 신중하게 잘 하셔야지 이게 뭡니까? 성도들이 드린 헌금, 6천만 원이나 손해를 보고…. 이렇게 교회를 운영하시면 어떻게 합니까?"

단 하나도 틀린 말이 없었다. 하나하나 다 맞는 말인데 내가 무슨 말을 더 하는가? 그래서 더욱 착잡했다. 그곳에 있는 다른 분들의 얼굴을 슬쩍 보아도 같은 입장인 것 같았다. 표현을 안 했을 뿐, 불만의 정도는 비슷해 보였다. 나 역시도 지금 이 상황과 관련하여 나의 결정을 후회하고 원망하는데, 그들은 어떻겠는가! 어떤 변명도, 어떤 해명도 불가능했다. 죄송한 마음을 전하는 것밖에는 내가 할 수 있는 게 없었다.

"진심으로 죄송합니다. 제가 잘 해보려고 했는데 그만 일이 이렇게 되었습니다. 제가 앞으로 더 열심히 기도하고 목회해서 더 좋은 교회를 건축하도록 하겠습니다."

나는 그 자리에서 연신 사과를 했고, 회의공간은 한순간에 적막에 휩싸였다. 한참 후에 한 성도가 침묵을 깨고 한 성도가 이런 발언을 했다.

"우리 목사님은 앞으로 더 목회를 더 잘 하실 것입니다. 더 좋은 교회를 만들기 위해, 함께 기도하기로 합시다."

한 분의 용기 있는 발언에 분위기가 바뀌기 시작했다. 다른 분들도 고개를 끄덕이기 시작했다. 나 역시 그분의 발언에 그저 감사할 뿐이었다. 그 말 한마디에 얼마나 큰 용기를 얻었는지 모른다. 마치 하나님이 그 성도님을 통해 나를 위로하시는 것 같았다.

그렇게 감사한 격려를 끝으로 회의가 마무리되었다. 어떻게 시간이 지났는지도 모를 정도였다. 나는 그날 밤, 다시 하나님 전에 나와 무릎을 꿇었다. 물론 그 순간에도 성도들이 가장 마음에 걸렸다.

"하나님을 실망시키지 않는 목회자, 성도들의 마음을 아프게 하지 않는 목사가 되도록 은혜를 주시옵소서."

지상 4층 교회 이전에 대한 결정, 그리고 다시 지하교회로의 복귀. 무엇이 문제였을까? 나의 실수였을까? 아니면 그조차도 하나님의 인도하심이었을까? 무엇이 문제였고 무엇이 원인이었는지는 알 수 없다. 하지만 중요한 것 그런 우여곡절 속에서도 하나님이 함께하신다는 것이었다.

하나님의 뜻을 더욱 온전히 구하지 못한 내 실수였다고 할지라도 하나님은 나와 우리 교회를 외면하지 않으신다. 반드시 다시 회복시켜 주시고 기회를 주신다. 또한 이 기회를 통해 더욱 엎드리게 하시고 낮아지게 하시고 겸손하게 하신다. 그러니 그 기회를 통해 내가 더 겸손한 종이 될 수 있다면, 우리 교회가 하나님께 더 인정받는 길을 갈 수 있다면, 그조차도 감사한 일이 아닌가?

또한 그런 우여곡절의 과정 자체가 하나님의 인도하심이라면 더 생각할 것도 없이 감사할 뿐이다. 그 자체가 하나님이 의도하신 훈련이라면, 그 훈련을 통해 교회가 보다 더 성장할 수 있으니 이보다 감사한 일이 또 있을까!

그리고 보면 하나님의 자녀로 산다는 것, 이보다 복된 일이 어디 있을까 생각한다. 시행착오조차 축복으로 바꾸어주시는 그런 은혜…. 하나님의 자녀가 아버지의 든든한 백으로 누릴 수 있는 특권이 아닐 수 없다.

조금 신기하면서도 이상했던, 한 집사님

교회를 개척하고 담임목회자로서 교회를 이끌면서, 어디 우여곡절, 시행착오가 한두 건이었겠는가. 정말 부족하기 그지없는 종이라, 누구보다 많은 시행착오를 겪었고 남몰래 한숨을 지어야 했다. 하지만 분명한 것은 그 어떤 상황에서도 하나님은 함께하신다는 것이었다. 그러지 않았으면 어떻게 내가 버틸 수 있었겠는가.

아마도 내 인생 통틀어 가장 기도를 많이 했던 시기라고 한다면 이때가 아닌가 싶다. 신학교에 가기 전이나 개척에 대한 응답을 두고 금식하며 기도할 때도 이보다는 많이 하지 않았던 것 같다.

하루는 교회에 남성 성도 한 명이 등록했다. 솔직히 남성 성도 한 명이 따로 등록하는 것은 흔치 않다. 일반적으로 여성 성도가 등록한 후, 남편을 전도하는 경우는 있어도 그 반대인 경우는 비교적 드문 편이기 때문이다. 여성 성도에 손에 이끌려 교회에 나오거나, 아예 처음부터 부부나 가족끼리 같이 오는 것이 일반적이지 않은가. 그래서 혼자 등록하게 된 연유가 궁금하긴 했지만 먼저 말하기 전까지는 묻지 않았다. 어떤 사연이 있는지 모르기에….

나중에 그 성도가 병원에 입원을 하여 심방을 가게 되었는데 그 자리에서야 가족관계에 대해 들을 수 있었다. 그분이 밝힌 자신의 아내에 대한 이야기는 조금 의외였다. 굳이 남편 따라 교회를 오지 않는 것이라면 교회를 본래부터 싫어하는 경우가 대부분일진데, 그게 아니었다.

"아내는 신앙생활을 원래부터 해왔습니다. 그런데 교회를 자주 옮겨 다녔어요."

뭐, 충분히 그럴 수 있다. 교회가 자신과 잘 맞지 않을 수도 있는 것이니까. 자신과 맞는 교회를 찾기까지 시간이 걸릴 수 있으니까. 그러나 듣다 보니 옮긴 이유도 조금 독특했다. 그 아내가 원해서 교회를 바꾸는 게 아니라, 목사님들이 그 아내, 즉 여집사님을 기피한다는 것이다. 이유인즉슨, 성령의 은사가 너무 강하다는 것이다. 남성 성도님의 이야기를 듣고 너무 의아했다.

'성령의 은사가 있으면 좋은 일인데 왜 목사님이 싫어하신다는 것이지?'

이해가 되지는 않았지만 목사님들이 그렇게 하신 데에는 나름 이유가 있을 거라 생각했다. 일단 여집사님을 만나보기로 하고 심방을 갔다. 들은 대로 여집사님은 자신의 성령의 은사에 대해 이런저런 이야기를 많이 했다. 자신이 하나님의 음성을 듣기도 하며 병 고치는 은사도 많다고 자랑을 했다.

문득 대화를 하다가, 부천에 계신 한 목사님의 이야기를 꺼내게 되었다. 참고로 얼마 전 그 목사님의 교회에 집회를 가게 되었는데 거기서 목사님 조카의 안타까운 사연을 들었다. 조카가 유학을 갔는데 급성 안암이었다는 것이다. 나는 그 목사님 이야기를 하려고 교회 목사님의 성함을 이야기했다.

"제가 잘 아는 ○○○ 목사님이 계신데요. 그런데 그…."

여집사님은 내 말이 끝나기도 전에, 말을 가로 막고는 기도를 하기 시작했다. 잠깐 동안 기도를 한 후 이렇게 말했다.

"목사님, 그 목사님 조카가 눈이 아프다죠? 그 학생이 눈이 많이 아픈데요. 의학으로는 고칠 수가 없어요."

목사님 성함을 이야기한 게 전부인데, 그 상황을 너무도 잘 알고 있었다. 정확한 병명과 상태까지 알고 있을 정도였다.

'어떻게 이런 일이 있을 수 있지?'

일단 여집사님에게 남편 집사님과 함께 우리 교회에 출석하기를 권유했고 그분은 다음 주부터 우리 교회에 출석했다. 조금 불안한 감도 있었지만 괜찮을 거라 생각하며 마음을 다잡았다.

'별일 없겠지.'

'그런데 혹시라도 무슨 일이라도 생기면…. 아니야. 괜찮을 거야. 그럴 리 없어.'

그러나 여집사님이 출석하고 나서 얼마 못가, 교회 안에 이상한 기류가 흘렀다. 단 한 번도 교회 안에 그런 기류가 흐른 적이 없었는데…. 심지어 그런 분위기 속에서 일종의 파가 생겼다. 그 집사를 완전히 추종하는 세력, 그리고 너무도 싫어하는 세력…. 두 그룹이 완전히 구분이 되어버렸다. 물론 그 여집사를 추종하는 사람은 갈수록 많아졌다. 숫자가 늘어가는 만큼 결속력도 더욱 강력해지고 있었다. 그러니 들려오는 이야기를 들을 때마다 암담했다.

"성도님들이 목사님 모르게 그 집사를 찾아가는가 봐요. 하나님의 뜻을 물어본데요. 아무래도 문제가 생기면 불안한데, 그 집사님이 잘 맞추니까 의존하는 것 같아요."

"얼마 전에는 ○○○ 성도가 상담을 했는데, 어젯밤에 꾸었던 꿈의 장면까지 정확히 재연했데요."

"○○○ 성도가 찾아갔는데 아무도 모르는 자기 신체의 비밀을 말해서 놀랐다나 봐요. 사진을 보는 것처럼 너무 자세히 알아맞혀서…. 그 순간 완전히 그 집사를 믿어 버리게 된 거죠."

여집사를 신뢰하는 세력은 더 늘어가고 섬기는교회 중직들의 염려는 더 커지기 시작했다. 심지어 교회 리더들조차 그 여집사를 의지하기 시작하게 되었으니 교회의 위기라고 볼 수밖에 없었던 것이다. 그래서 일부 성도들은 나에게 종종 찾아와 그 집사의 거취문제를 제안하곤 했다.

"목사님. 아무래도 그 집사님을 내보내는 게 맞지 않을까요?"

"목사님. 더 이상은 안 됩니다. 이러다 큰일 납니다."

"목사님. 그 집사를 보내지 않으면 우리가 나갈 수도 있습니다."

그렇게 홀로, 혹은 무리를 지어 사택을 찾아와 집사를 내보낼 것을 종용했다. 하지만 그렇다고 해서 내 마음대로 내보낼 수는 없는 노릇이었다.

"혹시 내보내야 하는 이유가 뭐라고 생각하시나요?"

"글쎄요. 이 자리에서 이유를 어떻게 다 말하나요? 그냥…. 싫어요. 불편해요."

"아이 참. 목사님도 보면 모르세요? 문제가 생기잖아요. 분위기가 안 좋잖아요. 이렇게 성도들이 싫어하는데 어떻게 내보내지 않을 수 있나요!"

막상 이유를 물어봐도 정당한 사유를 들을 수 없었기 때문에 더 고민할 수밖에 없었다. 보기 싫다는 이유만을 가지고, 교회에서 내보낼 수는 없는 법…. 나는 담임목사로서 더욱 난처해지기 시작했다.

물론 이들의 반대 측에서는 여전히 집사를 동조하고 있었고, 역으로 그 집사를 싫어하는 세력들을 미워하고 있었다.

"목사님. ○○○ 집사님, 교회에 없어서는 안 됩니다. 우리가 얼마나 많이 의지하고 있는데요."

"그 집사님이 하나님의 뜻을 우리에게 전해 주고 얼마나 많은 도움을 주는데, 그걸 막고 방해하다니요. 그분들이 문제죠. 성령의 은사를 훼방하고 있으니까."

이쪽에선 이렇게 하라고 종용하고, 저쪽에선 저렇게 하라고 종용했다. 교회 안의 영적인 분위기는 날로 심각해졌고, 단순히 보기 싫다는 이유가 아니더라도 나름 결단을 내려야겠다고 생각했다. 교회 전체를 위해 내보내야겠다는 판단을 하게 된 것이다. 그러나 막상 내보내려고 하니, 여집사를 추종하는 세력이 너무나 커져 있었다. 알고 보니, 내가 가장 신뢰하는 가정 역시 그 여집사를 따르는 핵심 멤버가 되어 있었다.

하나님, 어떻게 해야 할지 도무지 모르겠습니다.

막막했다. 막막할 때 할 수 있는 것이라고는 기도밖에 없었다. 물론 이 문제로 기도를 꾸준히 했지만, 그 정도로는 안 되겠다 싶었다. 그때부터 이 문제를 두고 하루에 6시간씩을 작정하고 기도하였다. 아마도 내 인생에 이렇게 기도를 많이 해본 적은 없을 것이다. 기도의 핵심은 이러했다.

"하나님, 저 집사의 은사가 성령의 역사입니까? 악령의 역사입니까?"

"제발 좀 알려 주세요. 저도 너무 헷갈립니다."

만약 성령의 역사라면 나는 그분을 무조건 지켜 주어야만 한다. 다른 성도들이 반대한다고 하더라도 보호하는 게 마땅하다. 그러나 악령의 역사라면 반대로 어떤 아픔이 있더라도 도려내야만 했다.

솔직히 기도하면서도 명확한 응답을 받지 못해 갈팡질팡했다. 어떤 날은 기도하면 하나님께서 이렇게 말씀하시는 것만 같았다.

"그들도 내 양이니 품으라."

그런 응답이 오는 것 같으면 어떻게 해서든 여집사를 지켜야겠다는 마음을 가지려 노력했다.

'그래. 내가 보호해 드려야지.'

그러나 그 다음날 기도하면 저들을 반대하는 성도들의 마음이 느껴지기 시작했다. 그리고 내보내는 것이 하나님의 뜻으로 다가오는 것만 같았다.

"아니다. 그 집사와 추종하는 자들을 내보내야만 교회가 산다."

매일 6시간씩 기도를 반복했지만 분명한 응답을 듣기 어려웠다. 아무래도 나에게 이 부분에 대한 영적 판단의 능력이 없는 것만 같았다. 다행히 이 문제로 신음하는 나를 위해 하나님은 도움의 손길을 보내셨다. 더없이 친한 친구이면서도 영적으로 존경하는 동역자 두 분의 목사님을 목양실로 모시게 되었다. 물론 그 자리에는 여집사와 그 집사를 추종하는 세력, 반대하는 세력들이 함께 있었다.

나는 은사를 받았다는 여집사의 활동이 성령의 역사인지 아닌지를 영적으로 살펴봐 달라고 부탁했고 두 분의 목사님은 그 자리에서 성도들의 이야기를 다 들었다. 물론 객관적인 시각에서…. 3시간이 넘게 이야기를 들은 두 분의 목사님은 이렇게 한 마디로 정리했다.

"미혹의 영입니다."

그토록 고민하고 갈등했는데…. 너무나 헷갈리고 혼동되었는데…. 그 순간의 혼란이 한순간에 사라지고 너무나 분명하게 정리되는 것만 같았다. 그분들의 말이 꼭 하나님의 음성을 대변하는 것 같았고 '미혹의 영'이라는 한마디 단어 안에 그동안의 모든 사건이 정리되는 듯 했다.

우선 미혹의 영은 사탄의 정체 가운데 가장 우두머리에 속한다. 심지어 자신이 예수님인 양 행동한다. 예수님의 이름을 빙자하는가 하면 예수님처럼 능력을 행하고 기적을 행한다. 그러니 성도들의 마음을 빼앗는 건 시간 문제다.

또한 미혹의 영에 사로잡히면 하나님이 인간에게 허락하신 이성, 양심,

상식이 통하지 않는다. 완전히 딴 세상 사람이 된다. 간혹 이단에 빠지는 사람과 대화하려고 하면, 도무지 말이 안 통하는 것을 느끼곤 하는데 이 경우도 비슷하다고 볼 수 있다. 이단에 관계된 악한 영 역시 바로 미혹의 영이기 때문이다. 실제로 이단이 되는 과정 자체가 이런 모습에서 비롯된다. 초자연적인 기적과 이적이 나타나고 사람이 할 수 없는 현상이 나타나니 자신이 신적인 존재가 되어버린 듯한 착각을 하게 되는 것이다. 그러면서 자신만의 세력을 형성하게 되는 것이다.

뿐만 아니라, 성령님은 점쟁이처럼 역사하지 않으신다. 모든 것을 다 아시고 머리털까지 다 세신 바 되지만 그것을 밝히거나 알아맞히지 않으신다. 그 여집사처럼 신체의 비밀을 말하거나 어제 시장에 가서 검정색 가방을 산 것을 알아맞히지 않는다. 꿈속에 나타난 일을 이미 다 알고 계시지만 그것을 이용해 두려움을 주지도 않으신다. 성령님은 성결의 영이시고 거룩하시며 인격적인 분이시기 때문이다.

'그래. 미혹의 영이었구나. 하나님, 이제라도 깨닫게 하시니 감사합니다.'

그 집사는 떠났고 교회는 다시 안정을 되찾았다. 한동안 수습하기 어려울 정도로 휘몰아치던 거센 바람이 한 순간에 고요해졌다. 하지만 교회를 어지럽혔던 그 시간을 반추할 때마다 자책이 밀려왔다.

'그 집사가 미혹의 영이었음을 바로 분별할 줄 알았더라면….'

'중직들이 내보내자고 할 때 진작 내보냈더라면….'

'성도들이 그 집사를 찾을 때부터 문제를 파악하고 추종하지 않도록 말렸더라면….'

'아니, 애초에 내가 우리 교회로 오라고 권유하지 않았더라면….'

'시간을 돌릴 수만 있다면….'

모든 게 다 내 탓인 것만 같았다. 내가 교회를 휘저어 놓은 것만 같았다. 내 실수가 교회를 그 지경까지 만들어 놓은 것만 같았다. 심지어 내가 목사로서 자격이 있는지, 자괴감마저 들었다.

그러나 하나님은 그런 나를 나무라지도, 책망하지도 않으셨다. 교회 이전 문제를 번복할 때처럼 더 겸손하게 하시고 더 낮아지게 하셨지만, 주의 종으로서 나의 자질을 책하지 않으셨고 오히려 전화위복이 되게 하셨다.

돌아보면, 하나님은 우리 교회가 그 폭풍우 속에 있는 가운데서도 늘 함께하셨다. 이 문제를 두고 기도할 때마다 어떻게 해야 할지를 바로 알려주시고 일사천리로 깔끔하게 해결해 주실 수도 있었지만, 하나님은 오히려 기다리셨고 이제 와서야 해결되게 하셨다. 이 엄청난 시행착오조차 하나님은 교회를 성숙하게 만드시는 계기로 삼아 주신다. 그렇게 하나님은 이 일을 통해 미혹의 영을 분별하는 지혜를 갖게 하시고, 영적 분별력을 기르게 하시고, 성도 간에 다시 화합하는 새로운 판을 짜주셨다.

무엇보다 그 사건을 겪고 나서, 우리가 의지해야 할 것이 무엇인지가 분명하게 드러났다.

'하나님의 말씀!'

우리가 의지할 것은 오직 하나님의 말씀뿐이다. 하나님이 성경을 통해 모든 진리를 알려 주시고 친히 말씀하시는데, 그 이상 무엇이 더 필요하단 말인가?

물론 그전까지도 성경말씀이 중요하다는 사실을 부정하는 사람은 없었다. 저마다 성경 중심의 신앙을 강조했고 저마다 하나님의 말씀에 최상의 가치를 두었다. 그러나 너무나도 잘 알고 있는 그 사실이 현실에서는 '머리로만 알고 입으로만 강조하는' 이론에 그치고야 말았다. 정작 우리는 절대 진리인 말씀보다 당장 눈앞에 보이는 표적에 마음을 빼앗겨 버렸던 것이다. 믿음 좋다고 자부하던 성도들도 신비로운 표적 앞에 흔들렸고 그것에 좇아갔다. 급기야 말씀보다 신비주의적인 요소에 의존하는 사람들이 늘어나기 시작하자, 교회 역시 혼란의 소용돌이에 빠질 수밖에 없었다.

그때 비록 홍역을 치렀지만 그 일을 통해 우리는 더 이상 신비주의적 요소에 빠지지 않기 위한 예방주사를 맞을 수 있었다. 말씀이 중심이 되어야 한다고 하지만 자신도 모르게 휩쓸리는 비성경적 표적과 이적에 더 이상 마음을 주어서는 안 된다는 사실도 배울 수 있었다. 가시적인 표적을 추구하고 의존하는 모습에서 벗어나, 성경을 통해 속삭이시는 하나님의 음성에 귀 기울이는 법도 체득할 수 있었다. 또한 비성경적인 신비주의 요소들이 교회 안에 침투할 때 진리의 말씀을 통해 철저하게 물리쳐야 함을 알 수 있었다.

모자람과 연약함, 부족함 속에서도 은혜를 더하시는 하나님의 사랑….

부족함이 있었기에 하나님의 회복의 역사가 더 간절하게 다가왔고 연약함이 있었기에 하나님의 은혜가 더 위대하게 다가왔다. 그리고 모자람이 있었기에 하나님이란 존재를 갈구할 수밖에 없었다.

그리고 우리는 지금도 그 이끄심 속에 거하며 지내오고 있다.

여호와의 율법은 완전하여 영혼을 소성시키며 여호와의 증거는 확실하여 우둔한 자를 지혜롭게 하며 여호와의 교훈은 정직하여 마음을 기쁘게 하고 여호와의 계명은 순결하여 눈을 밝게 하시도다 (시 19:7-8)

나눔과 질문

Q1. 실수 앞에서 나는 어떤 태도를 보이는가?

Q2. 실수하거나 일을 그르친 이후에, 하나님의 회복을 경험해 본 적이 있는가?

먼저 세워야 할 것은
건물이 아니라
사람이다

Chapter 10

먼저 세워야 할 것은 건물이 아니라 사람이다

들어가기 전에

하나님은 나를 섬기는교회의 목자로 세우셨다.

세우신 이유는

섬기는교회의 성도를 섬기기 위해서다.

물론 교회와 성도를 섬기는 과정이

순탄하지만은 않았다.

직면하기 싫은 말도 들어야 했고

부딪히기 싫은 사람과도 대화를 해야 했다.

시험에 들어도 수일 내에 다시 일어나야 했으며

몸와 마음이 흔들려도 어떻게든 빠른 시간 안에 추스려야 했다.

하지만

교회 안에서 온갖 일을 마주하며

나부터가 보다 더 성숙해져 가기 시작했다.

성도님들의 모습을 통해 나를 돌아볼 수 있었고

성도님들의 영적 도전을 보며 나도 나를 재정비할 수 있었다.

그러면서 하나님은

이 교회에 비전을 허락하셨다.

복음을 향한 비전,

다음세대를 향한 비전,

사람을 섬기는 비전,

하나님이 사람을 세우는 비전,

선교를 향한 비전.

그 비전을 보여주셨다.

그러고는 보는 것만이 아니라 소중히 품게 하셨다.

더불어

그 비전을 함께 이룰 하나님의 사람을 세워주셨다.

하나님이 세우신 이 교회 안에

하나님이 세우신 일꾼을 채우기 시작하셨다.

하나님의 사람과 함께하는 하나님의 사역.

함께하기에

그 사역 자체가 행복이자, 영광이었다.

하나의 줄로 매어있기에

서로가 서로에게 기쁨이 되어주었다.

오늘도 하나님은 누군가를 더 세우신다.

그리고 우리는 그 누군가와 함께하길 기다리며 기대한다.

고잔 신도시를 우리에게 허락하소서

지하에서 지상으로 올라갔다가 다시 지하로 내려갔을 때의 일이다. '우리 교회'는 다시 지하로 내려갔지만 '우리 교회가 위치한 안산 지역'은 2000년대에 접어들면서 고잔 신도시가 들어서고 조금씩 도시가 변모하기 시작했다.

고잔 신도시가 세워지던 그때, 그곳을 지나갈 때마다 일말의 가능성도 없는, 말도 안 되는 상상을 하곤 했다.

'저곳에 우리 교회가 세워지면 얼마나 좋을까?'

내가 생각해 놓고서도 괜히 민망했다. 생각은 자유라지만, 자유도 자유 나름이 아닌가! 어느 정도 가능성이 있어야 생각의 자유를 누릴 기회라도 얻는 것인데 실현불가능한 일을 감히 마음속에 떠올리다니….

농담으로라도 밖으로 꺼낼 수 없는, 그야말로 나 혼자만 생각하고 나 혼자서 폐기해야 하는 그런 생각인 것만 같았다. 그 정도로 그 꿈은 지하실 개척교회를 담임하는 목사가 품을 수 없는 허무맹랑한 일이었다.

하지만 아무리 실현불가능한 일이더라도 기도할 자유까지 뺏길 수는 없었다. 다른 사람은 몰라도, 하나님께는 그런 꿈을 아뢸 수 있는 게 아닌가. 그 이후로 그곳을 스칠 때마다 기도했다. 역시 하나님께 기도하는 것이다 보니, 말도 안 되는 꿈임에도 민망하지는 않았다. 홍해가 갈라지는 것보다는 쉬운 일 아닌가.

"하나님. 우리 교회가 저 신도시에 건축될 수 있게 하옵소서."

"하나님 나라의 확장을 위해 우리 교회가 쓰임 받게 하옵소서."

사실 이런 꿈을 품게 된 것은 단지 신도시에 대한 로망 때문은 아니었다. 이곳에 사는 사람들만이 아는 그 지역의 배경사, 그것이 이 지역에 대한 특별한 꿈을 꾸게 했다.

고잔 신도시는 원래 사리 포구라는 항구였다. 항구…. 적어도 바다 문화와 근접한 곳에서 살아온 사람이라면 잘 알 것이다. 배가 드나드는 곳과 우상 문화는 밀접한 관계에 놓일 수밖에 없음을….

배를 탄다는 것은 위험을 불사를 각오를 해야 하는 일이었고, 배를 타는 사람들이나 그들의 가족은 안전을 보장해 줄 누군가를 찾고 섬겨야 했다. 안타깝게도 안전을 보장해 주실 분이 바로 앞에 계신데 사람들은 알아보지 못했다. 코앞에 하나님을 두고는 존재하지도 않는 각종 바다 신을 '섬겨야 할 대상'으로 정한 후 모시기 시작했다. 그렇게 배가 드나드는 곳에서는 바다 신들에게 제사지내는 우상문화가 만연해 있었다.

고잔 신도시도 마찬가지였다. 신도시로 변모해 가고 있지만 과거로부터 이어져 오던 우상의 문화가 깊게 배어 있는 만큼, 그곳을 지날 때면 영적인 도전이 생기곤 했다. '이곳에 우리 교회가 세워져 하나님의 나라를 확장하는 거점이 되었으면.' 하는 막연하지만 간절한 꿈이 깃들곤 했던 것이다.

실제로 이 지역에 교회가 세워지기를 바라며 기도하다 보면, 교회에 대한 기도만이 아니라 그 지역에 역사하는 악한 영들을 대적하는 방언 기도가 함께 터져 나오곤 했다.

"주님, 저곳을 사로잡고 있는 악한 영들을 물리쳐 주옵소서."

"주님, 이제 저 곳에서 영광을 받으시옵소서."

"하늘과 땅의 주인이신 하나님, 저곳에서도 동일하게 높임을 받으시고 영광을 받으시옵소서."

하지만 이 지역을 두고 기도하면서도 한 가지를 덧붙이는 것을 잊지 않았다.

"하나님, 이 꿈이 제 욕심이라면 철저하게 내려놓게 하옵소서."

그러나 그곳을 지나면 지날수록 기도는 더 거세어졌다. 하나님이 지속적으로 그곳을 두고 기도하게 하시는 것만 같았다. 무엇보다 단순히 교회를 새로 건축하는 차원을 넘어, 그 지역 자체를 품고 기도하는 시간을 계속 갖게 하셨다.

불가능해 보이고 도무지 열리지 않을 것 같은 길 앞에서

그를 향하여 우리가 가진 바 담대함이 이것이니 그의 뜻대로 무엇을 구하면 들으심이라 (요일 5:14)

실현 불가능한 현실 앞에서 막연함만을 가지고 기도하던 시간이 흐르고, 스쳐지나가던 꿈인 줄로만 알았던 두 번째 건축이 현실화되기 시작했다. 물론 상황이 따라 주어서 건축을 구상하고 실현해 나간 것은 아니다. 상황 자체만 보면, 건축은 절대 시도해서는 안 될 일이었다. 첫 번째 건축 후에 지하실 개척교회가 이미 6천만 원이라는 막대한 채무를 안고 있던 만큼, 신도시에서 건축을 하는 것은 그 자체로 무모한 시도에 불과했다. 그런데도 하나님은 교회건축을 시도해 나가게 하셨다. 우리가 걱정하던 무리수가 하나님 앞에서는 대수롭지 않은 일에 불과했다.

물론 하나님은 '짠' 하고 한번에 물질을 채워 주신 후, 떡하니 새 교회를 지어 주실 수도 있다. 충분히 그렇게 하실 수 있는 분이다. 그러나 질서와 순서를 중히 여기시는 하나님은 늘 그러셨듯이 이 기간을 통해 우리 교회를 단련하기 시작하셨다. 교회건축에 대해 모두가 동조하는 분위기가 아닌 가운데서, 하나님은 더 기도하게 하셨다. 그때부터 나는 그 지역에 더 자주 찾아왔고 아예 새로운 택지가 조성되는 지역을 돌며 기도하기 시작했다. 내가 할 수 있는 것이라고는 역시나 기도밖에 없었다. 내가 할 수 있는 게 하나라도 있다는 게 은혜임을 고백하며 기도에 매진했다. 여리고성을 돌았던 여호수아처럼 기회가 될 때마다 차를 타고 돌면서 방언으로 기도하였다.

"하나님, 저곳에 주님의 교회가 세워지게 하여 주옵소서."

"저곳에서 복음이 선포되어 이 지역이 생명의 땅이 되게 하시고 죽은 자의 땅이 아닌, 산 자의 땅이 되게 하여 주옵소서."

그래도 기도를 하고 나니 희망이 생겼다.

'이 정도로 기도를 했으니 이제 뭔가 열리겠지.'

'이곳을 돌면서까지 기도했는데 내일부터는 뭐라도 보이겠지.'

그러나 인간의 예상대로 일이 이루어지지는 않는다. 기도를 했다고 해서 내가 구상한 대로 일이 척척 진행되지는 않는다. 기도만큼 중요한 것은 '잘' 기다리는 것이었다. 실제로 기도를 지속적으로 했지만 건축의 길은 지속적으로 열리지 않았다. 기다려야 하는 것은 알지만 기다림의 끝을 모르기에 지쳐만 갔다. 나도 모르게 흘러나오는 원망을 막을 수 없었다.

'이렇게 하실 거면 아예 새성전 건축에 대한 계획 자체를 전하지 말게 하시지…'

급기야 건축을 한다는 소식이 교인들에게 들려지자 조금은 짐작했지만 인정하고 싶지는 않았던 일들이 터지기 시작했다. 교회가 새성전 건축에 대한 발표를 하고 나면 건축헌금에 대한 부담 때문에 성도들이 교회를 떠나는 일…. 그 일들이 우리 교회에도 당연하다는 듯 일어났다. 하루는 이 성도가 떠난다는 이야기가 들려왔고 하루는 저 성도가 떠난다는 이야기가 들려왔다. 나도 혼란스러웠지만, 성도들도 그런 이야기에 혼란스러울 수밖에 없었다.

사실 성전 건축에 동참하는 방법에는 여러 가지 있다. 물질로 헌신하는 방법만 있는 게 아니라, 기도로 헌신하는 방법도 있다. 만약 이 두 가지가 어려운 상황이라면 가만히 서서 하나님이 행하시는 일을 보는 방법도 있다. 그만큼 교회에 있어 주는 것만으로도 큰 힘이 되는데, 정작 떠나는 성도들은 그걸 알지 못했다.

그러나 떠나는 성도가 있다면 하나님이 붙잡아 두시는 성도들도 있는 법. 하나님은 새성전 건축의 비전에 동참하겠다는 성도들을 통해 힘을 더하셨고 위로를 전하셨다. 역시나 하나님의 일은 다수의 성도들이 아니라 소수의 믿음의 사람들에 의해서 이루어졌다.

기다림 끝에 조금은 가파른 길이 열리기 시작하다

사라져야 할 빚은 사라지지 않고, 사라져서는 안 될 성도들은 사라지고…. 그 와중에 우리가 사수해야 할 것은 하나님에 대한 믿음뿐이었다. 특히 목사인 내가 흔들려서는 안 되었기에 내 믿음을 붙들어 달라고 먼저 기도하곤 했다. 하나님이 일을 이루시는 기적을 보라고 설교하지만, 그 믿음을 우선적으로 가져야 할 사람은 청중이 아닌 나였던 것이다.

그렇게 막막한 시간이 흐르고 하나님이 예비해 두신 때가 다가오기 시작했다. 하나님이 예비하신 것 같지만 우리 것이 될 것 같지는 않았던 성전부지! 그 부지를 하나님은 기적적으로 매입하게 하셨고 매입과 더불어 성전 건축을 본격적으로 진행시키셨다. 물론 부지를 매입하던 기적은 시작에 불과했다. 성전 건축이 시작될 때부터 마무리 공사할 때까지 기적은 연이어 일어났다.

공사를 시작할 초기, 건축업자가 계약금을 가지고 최고급 승용차를 구입했다. 건축이 시작되기도 전에 고급 승용차를 구매하고 기사까지 고용하는 것을 보니 가슴이 덜컥했다. 하지만 그만큼 놀란 마음을 부여잡고 더 기도했다. 건축이 순조롭게 진행되도록….

한편 교회건축이 시작될 무렵 한 집사님께서 조석(朝夕)으로 매일 문안인사를 나에게 했다. 이상했다.

'저 집사님이 왜 저렇게 나에게 잘하지?'

부담이 되기도 하였다. 건축 시공사를 선정하려고 할 때 그 이유를 알게 되었다. 나름의 하도급 공사를 따내기 위한 아부성 인사였던 것이다. 교회 공사를 다른 사람에게 주느니 우리 교회 성도에게 조금이라도 도움이 될 수 있다면 성도에게 맡기는 것이 좋을 것 같았다. 그래서 특별히 건축 시공사에게 부탁하여 그 집사님이 공사에 참여할 수 있도록 했다. 우리 교회 집사님이시니 건축을 위해 헌신적으로 공사해 주실 것이라 의심하지 않았다.

하루는 건축공사 현장에 사람들이 아무도 없었다. 공사가 멈춘 것이다.

우리 교회 집사님이 맡은 공사가 진행되지 않아 건축 자체가 멈출 위기에 처하였다. 아무리 전화를 해도 연락이 되지 않았고 건축 소장님은 애를 태웠다.

집사님 집에 찾아가서 이유를 물었다.

"공사할 자재비가 없어서 공사 진행이 어렵습니다. 목사님 죄송합니다."

하는 수 없이 개인 카드를 빌려주는 수밖에 없었다. 공사를 진행시키기 위해서 다른 도리가 없었다.

"제 카드로 물건만 구입해서 공사를 진행해 주세요."

한 달 뒤에 돌아오는 청구서를 보고 기절할 뻔 했다. 내가 감당하기에 너무나 큰 금액이 결제되었다. 집사님이 카드 한도까지 사용하였던 것이다. 이제 나는 신용불량자가 될 지경에 이르렀다.

그제야 깨달았다. 교회건축은 물질만으로 되는 것이 아님을…. 교회건축은 무릎으로 세워짐을…. 기도의 무릎 위에 성도들의 눈물과 땀과 성도들의 희생이 모아져 건축이 이루어지는 것이다. 기도의 필요성을 절감한 후에 더욱 기도할 수밖에 없었다. 모든 건축의 과정을 하나님이 인도하여 주시기를 간구하면서….

그런 상황에서 교회건축이 거의 마무리되어져 갈 무렵, 하루는 건축 사무실에 누군가가 찾아왔다. 신용금고 이사님이었다.

"별거 아니고, 그냥 지나가다가 들렸습니다. 하하."

조금 이상했다. 하지만 하나님의 인도하심인 것만 같았다.

"목사님, 실은 여기 아는 사람도 없는데, 갑자기 이곳에 들러야겠다는 생각이 들어서요. 여기 명함 하나 드릴게요."

"아. 네. 감사합니다."

그러면서 한마디를 더 남기셨다.

"건축자금이 필요하면 도와 드릴게요. 나중에 연락 주세요."

알고 보니, 새로 지어지는 성전이 나름의 위기에 부딪힌 상태였다. 교회에서는 약속한 자금을 집행했지만 건축 시공사가 재정 상태가 나빠져 건축이 중단될 위험에 놓이게 된 것이다. 그런데 나는 그 사실을 전혀 모르고 있었다.

그 상황에서 하나님께서는 천사를 보내 주신 것이다. 더 큰 위험에 처하기 전에 하나님께서 은행에 실질적인 대행자를 보내사 도움을 주게끔 하신 것이다.

그 후로도 공사비가 지출되어야 할 때마다 하나님은 기적을 베풀어 주셨다. 솔직히 어디에서 그런 기적이 일어나는지 신기했다. 재정을 맡고 있던 재정 부장이 건축이 진행되는 모습을 보면서 은혜를 받을 정도였다.

"목사님. 사실 저는 헌금하지 못하는 형편이라 안타까운 마음뿐인데 기적적으로 여러 가지 사람과 방법으로 필요한 건축비를 채워 가시는 하나님을 보면서 많은 것을 느꼈습니다. 이 건축이 하나님의 손에 의해 이루어지는 게 틀림없는 것 같습니다."

그런 하나님의 인도하심 가운데, 2002년 3월, 드디어 고잔 신도시에서

입당예배를 드리게 되었다. 지하실 교회가 시작된 지 4년 6개월가량이 지났을 때, 비로소 하나님은 우리 교회를 완벽한 지상으로 옮겨주신 것이다.

고잔 신도시에 세워진 섬기는교회…. 은혜, 그 자체로 지어졌음을 고백할 수밖에 없었다.

설렜던 임직식, 그리고 그날 이후

'섬기는교회 안수집사·권사 임직식'

예배당에 한 가운데 걸린 현수막을 보니 감회가 새로웠다. 교회를 건축한 이후 처음으로 갖게 된 임직식이 아닌가. 돌아보니, 임직식을 치르기까지 교회에는 많은 일이 있었다. 이런저런 일들이 주마등처럼 지나가는데 왠지 모를 묘한 감정이 밀려왔다. 지하실에서 지상 4층 건물로 이전을 했을 때의 감격스런 순간도 떠올랐고 다시 지하실로 복귀를 하면서 남몰래 착잡해 해야 했던 기억도 떠올랐다. 고잔 신도시에 두 번째로 건축을 하는 동안 겪어야 했던 여러 난관들도 생각난다. 하지만 그간 있었던 모든 일이 하나님의 은혜 아래 있었던 만큼 감사의 고백만이 밀려나왔다. 특히 하나님은 그 기간 동안 출석 성도가 300명 이상 될 정도로 외형적인 성장을 하게 해주지 않았는가. 그리고 이렇게 교회의 일꾼들을 세우는 임직식까지 열게 하셨으니 그저 감사드릴 뿐이었다.

그러나 나는 그날 이후 교회에 어떤 일이 벌어질지, 조금도 예상하지 못했다. 이렇게 지하실을 벗어나 단독 건물로 건축을 하게 되고 성도도 많이 늘고 임직식을 통해 일꾼까지 세우게 되었으니, 이제 교회는 그야말로 안정기에 접어들겠구나 싶었다. 누가 보아도 이 정도면 견고한 교회라고 할 수 있지 않겠는가! 그러니 임직식을 치르고 나면 교회는 양적으로든 질적으로든 더 성장하리라 믿어 의심치 않았다. 정말 그럴 줄로만 알았다.

하지만 임직식을 치르고 난 후, 평안만이 가득할 줄 알았던 교회에 예기치 못한 문제가 나타나기 시작했다. 조금도 염두에 두지 않았던 일들이 문제로 대두되었고 이곳저곳에서 이런저런 말들이 들려오기 시작했다.

"어떻게 그럴 수가 있어? 건축하기까지 성도들이 얼마나 고생했는데."

"어휴. 고생은 우리가 다 하고 누리는 건 저들이 다 누리네."

"이거 완전히, 굴러온 돌이 박힌 돌 빼가는 거잖아?"

이런 유의 말들이 들려오기 시작하더니, 그 잡음의 톤과 데시벨은 갈수록 높아졌다. 자세한 내용은 이렇다. 임직식을 하고 보니 교회건축 이전의 성도들보다 건축 이후에 온 성도들이 더 많이 임직을 받게 된 것이다.

사실 교회가 세워진 지 오래 되지 않았기 때문에 모두가 다 임직의 대상이 되었는데 막상 임직을 해보니 그런 상황이 되어 버렸다. 결국 교회를 건축하느라 수고했던 건축 이전부터 계셨던 성도들은 깊은 시험에 빠지게 되었다.

'잠깐일 거야. 조금 있으면 잠잠해지겠지.'

교회가 어떤 잘못을 한 것은 아니기 때문에, 시간이 조금 지나면 괜찮아질 거라 생각했다. 충분히 서운할 수 있어도 나중엔 이해해 줄 것이라 믿었다. 그러나 그 역시 나의 오산이었다. 교회는 뒤숭숭한 분위기에서 빠져나올 줄 몰랐다.

"목사님, 죄송합니다. 교회를 옮기게 될 것 같습니다."

"목사님, ○○○ 권사님도 다른 교회를 다니시기로 하셨다고…"

"○○○ 안수집사님, 몇 주 동안 안 보이신다 했더니, 다른 교회로 가셨더라고요."

결국 임직을 받았던 안수집사 5명과 권사 8명 중, 안수집사 1명과 권사 2명을 제외하고는 모두 교회를 떠났다. 열 분이 서서히 떠나면서 교회는 더욱 혼란스러워졌다.

목자에게 양을 잃은 것보다 더 큰 아픔과 상실감이 어디에 있을까? 떠나는 한 명의 성도라도 붙잡기 위해서 정말 매일같이 열심히 심방을 다녔다. 동요하고 흔들리고 혼란에 빠진 성도들을 붙들어 주려면 그 방법밖에는 없다고 생각했다. 그러나 심방을 다니면 다닐수록 교회의 문제는 더 커져만 갔다. 마치 굴러다니는 눈덩이와도 같았다.

결국 다른 누구도 아닌, 목사가 시험에 들었다. 아마 목회를 시작한 후, 그때가 최초의 위기이자, 최대의 위기가 아니었나 싶다. 아무리 교회 안에 문제가 닥쳐도 목사가 굳건하면 이겨낼 수 있는데 목사가 정말 시험에 드니 답이 나오지 않았다.

하루는 이런 설교를 하였다.

"한 성도가 있었습니다. 그런데 교회에 나가기 싫었습니다. 어머니를 찾아가서 말했습니다. '어머니 교회에 가기 싫어요. 주일은 왜 이렇게 자주 돌아오는 거예요? 주일에 성도들 만나는 것도 싫고 겁이 나요. 어머니, 정말 주일에 교회에 가기 싫어요!' 그랬더니 어머니께서 이렇게 말씀하셨습니다. '아들아, 너는 그래도 주일엔 교회를 가야 한다. 너는 그 교회의 담임목사지 않느냐?'"

이 말은 지어낸 이야기가 아니라 정말 나의 이야기 그대로였다. 주일이 두려웠다. 그렇게 즐겁고 기다려지고 기대되었던 주일이 다시 돌아오는 것이 너무나 두려웠다. 누가 또 어떤 이유를 들어서 교회를 떠날지, 정말 두려웠다.

내 안에 있는 영적인 에너지가 점점 고갈되고 영성의 밑바닥이 드러나는 것만 같았다. 무엇으로도 채워지지 않은 느낌은 말로 표현할 수 없었다. 매번 이상한 감정이 들었고 먹어도 음식의 맛을 느낄 수 없을 지경이 되었다. 무엇을 해도 기쁨이 없었다. 영적인 은혜가 사라진 공허한 성도의 마음이 바로 이런 것임을 깨닫게 되었다.

그때 나는 성도들에게 솔직하게 고백했다.

"목사도 시험 들 수 있습니다."

"목사가 시험 들면 교인들이 불쌍해집니다. 영양가 있는 꼴을 먹을 수 없고, 풍성한 꼴을 먹을 수 없습니다."

교회가 시험에 드는 것보다 목사가 시험에 드는 것은 더 무서운 일이다.

교회에 위기가 찾아와 성도가 줄어들고 재정이 부족해지고 예배의 분위기가 무너진다고 해도, 목사가 정신 차리고 재정비하면 교회는 다시 회복된다. 목사가 전하는 하나님의 말씀을 통해 예배가 회복되면 교회는 다시 부흥할 수 있는 것이다.

그러나 목사가 시험에 들면 회복이 불가하다. 영성이 깃들지 않은 말씀과 기도로 예배를 인도하니 예배가 제대로 드려질 리 없다. 은혜도 사라지고 능력도 기대할 수가 없다. 그만큼 목사가 시험에 들어버리면 모든 것이 흔들려 버린다. 마치 집안이 어려워도 부모가 바짝 정신을 차리면 위기를 이겨낼 수 있지만, 부모가 휘청거리고 쓰러지면 가정 자체가 흔들리는 것과 마찬가지다.

건물을 세우는 것보다 중요한 것은 사람을 세우는 것이다

그때의 위기를 겪으며 무슨 일이 있어도 목사가 흔들려서는 안 됨을 깨달았다. 교회 전체를 위해 나부터가 최고의 영성을 유지해야 하고 성도들도 이를 위해 지속적으로 기도해 주어야 교회가 흔들리지 않을 수 있다.

그리고 그 시기를 보내면서, 중요하게 깨달은 것이 한 가지 더 있다. 바로 '사람을 세우는 것'이 사역의 핵심이 되어야 한다는 것이었다.

'예배당을 잘 짓는다 한들, 사람이 세워지지 않으면 아무 소용없다.'

'건물을 자랑하는 교회가 아니라, 성도 개개인이 신실한 주님의 제자로

살 수 있는 교회가 되게 해야 한다.'

너무나도 당연한 말이지만 한동안 나는 놓치고 있었던 것 같았다. 교회를 이전하고 건축을 하는 동안 정작 사람을 세우는 것에는 사역의 비중을 두지 못했던 것이다. 그저 내가 기도와 말씀으로 철저히 준비하고 설교 시간에 말씀을 잘 전하면 성도들이 알아서 잘 자랄 것이라 생각했다.

그러나 사람을 세우려면 '세워 주는' 과정이 반드시 필요했다. 또한 그것은 목회자의 중요한 임무였다. 일방적으로 말씀만 전한다고 되는 것이 아니라 그 말씀을 잘 받아먹고 성장할 수 있도록 양육해야만 하는 것이다. 그것이 양을 지키는 목자의 임무가 아니겠는가!

그때부터 중점을 두게 된 것이 제자훈련이었다. 이미 많은 교회에서 실시하고 있는 제자훈련이지만 지향하는 바나 양육방식은 교회마다 차이가 있다. 특히 특정 프로그램을 통해 훈련이 이루어지는 경우가 많다 보니, '프로그램 이수 여부'로 제자훈련의 완성을 판가름하는 경우도 종종 있다. 그러기에 제자훈련을 강조하면서도 많은 고민을 할 수밖에 없었고 그만큼 기도하며 하나님의 뜻을 구해야만 했다.

"하나님, 섬기는교회의 제자훈련이 프로그램을 이수하는 차원이 아닌, 진정한 예수님의 제자로서 세워지는 과정이 될 수 있게 해주세요."

한편 나에게는 막연하고 애매했던 제자훈련의 방법과 방향이 하나님께 있어서는 명확하고 확실하고 단순했다.

'예수님의 제자는 예수님의 증인이다.'

'곧 예수님의 제자로 삼는다는 것은 예수님의 증인이 되게 하는 것이다.'

네가 네 자신과 가르침을 살펴 이 일을 계속하라 이것을 행함으로 네 자신과 네
게 듣는 자를 구원하리라 (딤전 4:16)

이처럼 하나님은 아주 간단하고도 분명한 원리를 깨닫게 하셨다. 예수
님의 증인이 되게 하는 것! 곧 선교사로 세우는 것이 제자훈련의 목적이자,
방향이자, 방법임을 알게 하신 것이다.

더불어 장로를 세울 때는 특별한 조건을 더하게 하셨다.

"장로장립을 받기 위해서는 선교지에 교회 한 곳을 반드시 세워야 합니
다."

건축 후 첫 임직식으로 인해 홍역을 치렀던 과거가 무색하게, 이제는 임
직에 대한 기준 자체가 매우 엄격해진 것이다. 이제부터는 선교사로서 온
전히 사명을 감당하고 있는 자에게만 장로 직분이 주어질 수 있었고 그것
에 대한 객관적인 판단 기준으로 '선교지에 1곳 이상의 교회를 세우기'를 제
시하게 된 것이다.

적어도 교회를 세웠다면 선교를 위해 물질을 우선적으로 사용할 수밖에
없고 세워진 교회를 위해 끊임없이 기도할 수밖에 없다. 또한 그 교회가 지
속될 수 있도록 하나님의 사람을 현지에 세우게 된다. 곧 자신이 성숙한 예
수님의 제자가 되는 것만이 아니라, 제자 삼는 일로까지 사명을 확대해 나

가는 것이다. 한마디로 해외에서 교회를 세우는 것은 선교적 사명을 검증할 수 있는 최적의 방안이 될 수 있었다.

하나님이 허락하신 직분은 세상이 주는 지위, 감투와는 차원이 다르다. 교회의 직분은 어떤 지위가 아니라, 섬김과 헌신의 자리다. 지도자의 자리이기 전에 겸손함으로 묵묵히 교회의 기둥이 되어 주는 자리다. 간혹 교회에서 받는 직분조차 감투로 이해하는 경우가 있어, 직분 문제로 시험에 들고 서운해 하는 일들이 생긴다. 마치 우리 교회에 있었던 그 일들처럼…. 그러나 직분에 대해 바로 이해한다면 직분을 대하거나 직분을 받는 자세부터가 달라진다. 영적인 시각에서는 더없이 영광스러운 것이지만, 그만큼 짊어져야 할 것이 많은 게 직분임을 알게 되는 것이다.

이런 과정을 통해 하나님은 사람을 세워 나가는 교회가 되게 이끌어 주셨다. 이제 그 사건조차 은혜로 다가올 정도로, 우리는 그때 많은 것을 배웠다. 그리고 그 배움 속에서 오늘도 하나님의 사람을 세워 나가고 있다. 무엇보다 나부터가 하나님의 사람으로 온전히 세워지기를 기도하고 있다.

세 번째 건축을 허락하신 하나님, 그리고 그 안에 담긴 하나님의 뜻

한편 두 번째 교회건축을 한 이후, 우리는 하나님이 채워 주시는 은혜를 누리면서도 예기치 못한 어려움을 맞이하게 되었다. 교회가 주택가에 있다 보니 여러 가지로 한계가 뒤따랐던 것이다.

"섬기는교회죠? 지금 주민들로부터 민원이 들어왔습니다."

무엇보다 금요철야예배시간에 주변의 민원이 문제가 되었다. 어떤 때는 한참 은혜롭게 찬송하며 부르짖어 기도하고 있는 중에 주변의 민원으로 경찰관이 교회를 직접 찾아오기도 했다. 경찰이 출동하면 갑자기 은혜로운 분위기가 사라지고 말로 표현할 수 없는 이상한 기분이 든다.

역시나 해결방법은 기도밖에 없었다. 교회의 진로와 미래를 위해 더 기도했다. 그리고 하나님은 새로운 소식을 들리게 하셨다.

'안산과 화성의 경계지역에 들어서는 신도시?'

중요한 결정을 앞에 두고는 늘 그랬던 것처럼 먼저 기도하기를 시작하였다. 성도들에게 말하기 전에 멀리 보이는 신도시를 향하여 손을 들고 축복하며 기도했다.

"저곳에 세워질 도시에 교회가 필요하다면 섬기는교회를 보내 주옵소서."

"주님의 몸 된 교회를 세워 신도시의 복음화에 쓰임 받게 하옵소서."

하지만 두 번째 교회건축이 시작조차 하기 힘들 정도로 난관이 겹쳐 있었던 만큼 새로운 성전 건축에 대한 밑그림도 좀처럼 그려지지 않았다. 무엇보다 신도시의 종교부지 추첨에 당첨된다고 보장할 수가 없었다. 가장 좋은 방법은 그 지역에 원주민 교회로 종교부지 분양권을 사는 방법이었는데, 원주민 교회를 백방으로 수소문했지만 찾을 길이 없었다. 그 교회에 대한 정보를 아는 방법을 아무리 찾아도 찾을 수가 없었다.

그러나 우리 예상을 앞서시는 하나님은 이번에도 전혀 예상하지 못한 방법으로 하나님의 일을 이루어 나가셨다.

어느 날 수양관 부지가 있는 마을을 지나가는데 갑자기 교회가 눈에 들어왔다. 교회 전화번호를 찾아서 교회 목사님께 전화를 걸었다. 정말로 우연한 기회였다.

"안녕하세요. 목사님. 목사님 부부를 모시고 식사를 대접하고 싶습니다."

이유는 없었다. 교단도 다르고 한 번도 뵌 적이 없지만 왠지 대접을 하고 싶었다. 그렇게 목사님 부부를 모시고 식사를 하게 되었는데 역시나 그것은 하나님의 인도하심이었다. 식사를 하다가 송산그린시티 종교부지 분양권을 가지고 있는 원주민 교회의 목사님을 만나게 소개받게 된 것이다(알고 보니 그 목사님과 같은 교단에서 친하게 지내는 후배 목사님이 원주민 교회의 목사님이셨던 것이다). 더군다나 그 교회는 종교부지 분양권을 매각해야만 하는 상황이라고 했다. 너무나 극적인 하나님의 섭리가 아닐 수 없었다.

원주민 교회 목사님과 여러 차례 대화를 하는데, 목사님께서는 이왕이면 섬기는교회에 종교부지 분양권을 양도하고 싶다고 말씀하셨다. 문제는 분양권의 가격이었다. 한편 우리 교회 당회원들과 기도하면서 결정해 두었던 분양권 매각대금이 있었다. 사실 매수하기로 했지만 처음에는 반신반의했다.

"매수할 기회는 주어졌지만 금액이 맞을까요?"

원하는 것이 주어져도 그것을 얻을 능력이 없으면 아무 소용없는 법. 우리 역시 대금 문제가 걸렸다. 그런데 놀랍게도 분양권을 매각하는 교회가 요구하는 매수대금이 우리가 결정한 대금과 정확하게 일치하였다. 순간 확신이 들었다.

"하나님이 주시는 기회다."

"하나님이 인도하여 주시는구나!"

그렇게 시작된 교회건축은 그 어느 때보다 순조롭게 진행되었다. 과거에 건축문제로 연단을 허락하셨던 하나님은 세 번째 건축만큼은 조금 수월하게 이끌어 주셨다. 그렇게 섬기는교회는 지하실에서 시작하여 화성시 송산 그린시티에 세 번째 교회건축을 이루었다. 그야말로 맨땅, 맨손에서 이루신 하나님의 은혜이자, 축복이었다.

한국 교회는 세계 교회 역사상 가장 급성장하였으나 현재 한국 교회의 성장은 멈춘 지 오래다. 그런데 한국 교회가 위기를 맞은 상황에서 이런 연구가 진행된 적이 있다고 한다.

'과거에 교회성장에 가장 커다란 기여를 한 것은 무엇인가?'

놀랍게도 그에 대한 답은 '개척교회'였다. 놀랍지만, 돌아보면 틀린 말이 아니다. 지하실 또는 상가에서 시작한 개척교회들은 한 영혼 한 영혼을 구원하기 위해 온 정성을 쏟아 전도하였다. 전도한 영혼을 양육하기 위해서 혼신의 노력을 하였다. 그리하여 한국의 교회는 세계 교회에 길이 남을 위대한 부흥을 이룬 것이 틀림없다. 지하실 개척교회는 커다란 강줄기의 원천이 되는 시냇물과 같은 생명줄이었다. 곧 수백 개의 개척교회가 세워진 토대 위에서 지역이 복음화 되고 커다란 대형교회 하나가 세워지는 것이다.

하지만 요즘은 개척교회는 이전과는 다른 위기에 직면해 있다. 재정적인 어려움에 견디다 못해 교회의 간판이 바뀌는 교회를 볼 때마다 눈물을 흘리실 주님의 모습이 그려진다.

사실 교회를 개척할 때 모든 목회자는 교회의 부흥을 꿈꾼다. 하지만 교회 부흥은 전적인 하나님의 은혜다. 우리 교회도 마찬가지다. 나는 가끔 스스로에게 질문해 본다.

'나는 특별한 능력이 있는 목사인가?'

'아니다.'

'실력이 있거나 영성이 특별히 뛰어난 목사인가?'

'그도 아니다.'

'인격적으로도 탁월하여 성도를 감동시키는 목사인가?'

'그조차도 아니다.'

'그럼에도 불구하고 교회건축을 세 번이나 이루는 축복을 받은 이유는 대체 무엇인가?'

'이도 저도 아니라면, 답은 하나다. 하나님의 은혜!'

아무리 생각해도 하나님의 은혜가 아닐 수 없다. 하나님의 전적인 주권 하에 이루어진 하나님의 작품이라고밖에 표현할 수가 없다.

그리고 그 은혜를 허락하신 데에는 이유가 있음을 깨닫는다. 그다음 챕터에서 나누게 될 그 이유를 위해 나는 끊임없이 달려갈 것이다. 물론 하나님이 세우신 성전, 섬기는교회와 함께….

나눔과 질문

Q1. 눈에 보이는 것에만 의미를 두고 그것을 추구하기 위해 달려간 적이 있는가?

Q2. 나를 세우신 하나님의 은혜를 간직하며, 나 역시도 누군가를 세워주기 위해 노력하고 있는가?

Blossoming
A flower before blossoming.
It's a new life like a miracle.

Chapter 11

우리는
오늘도 복음을 들고
나간다

Chapter 11

우리는 오늘도
복음을 들고 나간다

들어가기 전에 ─────────────────────

하나님은 나를 세우셨다.
복음을 전하라고 세우셨다.

하나님은 우리 교회를 세우셨다.
복음을 전하라고 세우셨다.

구원의 은혜를 먼저 받은 특권을 누린 우리에게
이제는 그 은혜를 나누라고 하신다.
그 어떤 것보다 복음을 전하는 일에
최우선의 가치를 두라고 하신다.

그래서 우리는 복음을 항상 들고 다닌다.
동네에서든,
세계 어느 나라에서든,
언제 어디서든,
바로 꺼낼 수 있도록
마음 안에 복음을 늘 간직하고 다닌다.

그 복음이 내 마음속을 떠나지 않는 한,
나는 예수님을 자랑하지 않을 수 없다.
하나님께 받은 최고의 복을 숨길 수 없다.
그 복음은 지금 이 순간에도
나 자신을 살리고
다른 누군가를 살리고 있다.

그래서 우리 교회는 오늘도 나아간다.
복음을 들고
하나님이 명하신 곳으로 나아간다.
그곳이 땅끝이라 할지라도….

교회를 왜 세우려고 하느냐

오래전 인도의 다르질링이라는 곳에 선교를 가게 되었다. 다르질링은 히말라야 산맥이 시작되는 인도의 산악지역이다. 이곳은 기후가 시원하고 고지대이기 때문에 세계적인 차로 다르질링티가 생산된 유명한 곳이기도 하다. 영국이 인도를 통치하고 지배할 때 세계 곳곳에서 노예들을 끌고 와 이곳에서 차를 생산하였는데 그 차는 지금까지 세계적인 차로 유명세를 날리고 있다.

다르질링의 정상에 가면 인도를 지배하는 영국 총독의 별장이 있다. 무더운 인도의 날씨를 피해 시원한 곳에 별장을 지어 생활하던 곳이다. 히말라야 산에서 불어오는 시원한 바람과 원시림으로 둘러싸인 산 정상은 그야말로 총독의 별장지로 최적이다.

거대한 별장 입구에는 커다란 그림이 눈길을 사로잡는다. 말 위에 앉아 있는 총독의 모습…. 그 총독이 뿜어내는 아우라가 압권이다. 한 손에는 총을 들고 다른 한 손에는 채찍을 휘두르는데 무섭게 달리는 말을 피해, 그리고 높이든 총과 휘두르는 채찍을 피해 수많은 무리의 노예들이 도망을 간다.

대체 왜 이 그림이 총독 관저의 입구에 걸려 있는 것일까? 인도를 다스리는 영국 총독은 인도인을 노예처럼 다스리는 사람이었다. 그것도 총과 채찍으로…. 그야말로 식민지 인도인들은 얼마든지 총으로 채찍으로 다스릴 수 있고 죽일 수도 있다고 생각하는 강력한 사람이었던 것이다.

그런데 총독의 별장을 내려와 건너편 마을에 가면 영국 선교사가 세운 닥터 아브라함 스쿨이 있다. 100년이 훨씬 지난 학교임에도 돌로 잘 지어진 건물은 지금도 학교로 여전히 사용되고 있다.

영국의 총독이 인도에서 자신의 권력으로 인도를 통치하고 있을 그 시기, 같은 시대 같은 나라에 살던 영국 선교사는 누구도 관심 갖지 않은 깊은 산골에 학교를 세웠다. 그리고는 산악지대에서 차를 생산하기 위해서 끌려온 노예 아이들을 모아 공부를 가르치고 성경을 가르쳤다. 하나님의 말씀으로 그들에게 꿈과 희망을 심어준 것이다. 현재 그 학교는 그 지역에서 최고의 명문학교가 되었다.

어느 날 하나님께서 나의 마음에 이렇게 질문하시는 것 같았다. 이 간단한 질문 안에 담겨 있는 하나님의 의도가 단순하지 않다는 것을 순간 직감할 수 있었다.

"김목사. 왜 교회건축을 하려고 하는 거야?"

"김목사. 너는 왜 목회를 하는 거니?"

"그리고 어떤 목회자가 되고 싶은 거니?"

그때 인도에서 보았던 두 사람이 떠올랐다. 하필 10년도 더 된 그때의 기억이 갑자기 생각나다니. 나는 스스로에게 물었다.

'인도의 총독처럼 자기가 가진 힘과 권력을 추구하는 목회를 할 것인가, 아니면 닥터 아브라함 선교사처럼 하나님의 사랑을 전하고 희망을 안겨주

는 목회를 할 것인가?'

하나님은 교회를 세우는 것, 더 근본적으로 돌아가 교회가 존재하는 이유에 대해 다시금 진지하게 고민하길 원하시는 것 같았다.

솔직하게 교회건축과 관련하여 내 안에 있던 사사로운 생각들을 다 긁어모아 보았다. 하나님 앞에서는 어차피 다 털어놓아야 하니까….

'뭔가 커다란 대형교회를 이루고 싶은 마음 때문인가?'

없다면 거짓일 것이다. 대형교회에 대한 욕심이 없는 목사는 없다.

'세상적으로 유명한 목회자가 되고 싶은 것인가?'

이 역시 없다면 거짓이다. 그런 생각을 구체적으로 안 했더라도, 그런 기회가 주어질 때 마다할 목사는 없다.

하나님은 그때 나에게 이렇게 물으시는 것만 같았다.

"내가 이렇게 교회를 세우게 하신 이유가 무엇이겠느냐?"

주어가 나에서 하나님으로 바뀌니 뭔가 목적도 분명해지는 것 같았다.

'복음!'

'복음이다!'

'예수 그리스도를 전하는 선교를 위해서다!'

이토록 단순하고도 명쾌한 이유가 어떻게 그제야 떠오를 수 있었을까. 늘 복음 증거를 최우선에 두던 나였지만 오래토록 심혈을 기울여 오던 교회건축에 대한 열정과 복음 증거에 대한 열정을 서로 매치시키지 못했던 것이다. 그런 나에게 하나님께서는 깨닫게 해 주셨다. 교회건축을 이루게 하신 그 시점에서 둘 사이를 정확하게 연결시켜 주신 것이다.

'교회의 본질, 교회의 근본적인 목적은 복음이다.'

'복음을 전하기 위해 교회가 세워지는 것이다.'

섬기는교회는 교회 설립주일이 되는 매년 12월이면 전 성도가 선교지에 교회 설립을 위한 헌금을 한다. 모든 성도들이 힘을 모아 교회건축이 절실히 필요한 곳에 하나님의 성전을 건축하기 위해서다. 섬기는교회가 세워지기까지 수많은 도움의 손길이 있었던 것처럼 이제는 섬기는교회가 하나님의 교회를 세우는 일을 하기 위해 나아가고 있다. 교회설립주일을 통해서 섬기는교회가 이 땅에서 나아가야 할 방향을 다시금 점검하고, 우리에게 주신 사명을 감당하기 위해서 기도로서 힘을 모으는 것이다.

사실 전도와 선교를 최우선에 두고 달려왔다고는 하지만, 여전히 부족한 게 전도와 선교였다. 이유는 간단하다. 나는 복음을 통해 새로운 인생으로 변화된 사람이다. 예수를 만나기 전에는 그야말로 죽고 싶은 마음뿐이었다. 그러나 예수를 만나니 살고 싶었다. 그동안 숨 쉬며 살아왔지만 그제야 진정으로 사는 것 같았다.

이 모든 변화는 다 예수님 때문이다. 지금도 예수 그리스도를 전해야 하는 이유는 너무도 분명하다. 그들에게 복음이 필요하기 때문이다. 절실하기 때문이다.

이 세상에 복음을 필요로 하는 사람이 한 사람이라도 남아있는 한, 복음은 긴박성을 요구한다. 분명 그들에게 복음은 기쁨의 소식이다. 모든 사람이 들어야 하는 희망의 메시지이다.

복음이 전해지기 전, 조선이라는 나라는 가난에 찌든 나라였다. 나라 전체가 우상을 섬기는 우상의 나라였다. 그래서 어디에서도 희망을 찾아볼 수 없었다. 하지만 선교사들은 언어가 다르고 피부가 다르고 문화가 다른 조선이라는 나라에 생명을 걸고 복음을 전했다. 그러자 복음이 전해지는 곳마다 희망이 생기기 시작했다. 무시당하던 여인들의 인권이 신장되고 가난한 아이들이 예수님을 만나면서 희망을 갖기 시작을 하였다.

복음이 우리나라에 들어와서 가장 크게 변한 것은 바로 희망이 생기기 시작한 것이다. 가난한 사람들, 어린아이들, 병든 자들 모두가 예수를 만나면서 희망의 사람들로 바뀌기 시작했다.

더욱이 요즘은 '문명이 발달할수록 희망은 더 작아지는' 아이러니를 맞이하고 있지 않은가. 정말이지, 청년들을 보면 가장 안타까운 것이 그들에게 희망이 없다는 것이다. 그리스도 안에서는 존재할 수 없는 '3포', 더 나아가 '5포'와 같은 단어가 청년세대를 상징하는 용어가 되어가고 있다. 그리스도를 통해 앞으로의 시대를 이끌어야 할 진정한 희망의 세대가 희망은커녕 포기의 아이콘이 되어가고 있다.

그리고 하나님은 이제 그 책임을 교회에 물으신다. 복음으로 희망을 되찾아 주어야 하는 곳이 교회이기에….

예수님께서 이 세상에 오셔서 복음을 전하실 때도 마찬가지였다. 제자들과 유대의 이스라엘 백성에게는 희망이 없었다. 정치적으로나, 경제적으로

나 사회적으로나 어두운 흑암 속에 살고 있었다. 그런 불행하기 그지없던 자들에게 예수님은 복음으로 희망을 안겨주었다.

결국 예수님이 만나주신 사람은 예수님과 함께 희망을 만났고, 예수님께서 가시는 곳에는 늘 그렇게 희망이 선포되었다. 병든 자에게는 병을 고쳐주심으로 희망을 주셨고 귀신들려 시달리는 사람에게는 영적인 해방의 자유를 허락하사 희망을 얻게 하셨다.

예수님의 증인인 우리도, 예수님의 몸인 이 교회도 그런 존재가 되어야 하는 것이었다. 청년들을 비롯한 희망이 없는 사람들에게 희망을 되찾아주어야 할 사명과 의무를 지닌 곳은 다름 아닌 교회였다.

하나님이 더 나은 곳에 더 좋은 조건으로 교회 건물을 허락해 주신 것도 다 그 이유 때문이었다. 너무나 당연하지만, 표면적으로 인식하지 못했던 그 사실을 하나님은 나에게 다시금 정확하게 짚어주셨다.

우리 교회에는 5대 비전이 있다. 복음전파, 양육, 섬김, 다음세대, 선교…. 복음전파는 국내전도다. 우리의 삶의 현장에서 내가 만나는 사람들에게 복음을 전하는 것이다. 사실 가장 어려운 것이 내 삶의 현장에서 복음을 전하는 것이다. 주변의 사람들에게 복음을 전하기 위해서는 반드시 나의 삶에 그리스도인다운 삶이 뒷받침되어야 하기 때문이다.

빛과 소금이 되는 희생과 헌신의 삶이 없이 복음을 전하기는 어렵다. 내 안에서 나와 동행하시는 예수님이 보일 때 복음은 가치를 드러내기 마련이다.

또한 교회는 먼저 교회가 세워진 그 지역에서 복음전파를 위해서 최선을 다해야 한다. 교회는 지역과 이웃을 떠나서 존재할 수 없다. 이제 교회는 세워진 그 지역에서 영향력을 발휘하여야 한다. 특히 지역마다 특징이 있는 만큼, 그 지역에 맞는 옷을 입고 지역을 섬겨야 한다. 그들에게 하나님을 온전히 증거함으로써 이웃들에게 칭찬과 존경을 받아야 한다. 그 가운데서 하나님이 영광 받으시게 해야 한다.

더불어 교회는 지역을 섬길 뿐만 아니라 땅끝까지 복음을 전파해야 한다. 이것이 바로 선교이다. 선교는 교회의 마지막 사역, 곧 교회의 최종 사역이다. 동시에 하나님께서 섬기는교회에 세 번째 교회건축을 허락하신 이유이기도 하다. 5대 비전을 이루고 마지막 시대에 땅끝까지 이르러 주님의 증인으로서 선교 사명을 감당하는 것, 이것이 우리가 늘 품고 있어야 할 최종 비전이다.

나가든지, 보내든지, 둘 중 하나는 반드시

하나님이 우리에게 원하시는 것은 모든 성도가 선교사가 되는 것이었다. 선교는 선교사로 파송되는 사람들이나 직분을 받는 사람들에게만 해당되는 것이 아니었다. 전 성도가 남녀노소를 막론하고 예수 증인의 삶을 살아야 했다. 물론 인격을 존중하시는 하나님은 일방적으로 무엇인가를 요구하지 않으시고, 자유롭게 선택할 수 있게 하셨다. 그래서 선택지를 내주셨다.

'나가든지, 보내든지…'

둘 중에 하나를 선택하면 된다. 그리고 때로는 둘 다 병행해도 좋다. 보내기만 하다가도 하나님이 기회를 주시면 나갈 수 있고, 나가기만 하다가도 어떤 순간에는 보내는 사역을 할 수 있다.

사실 이전에도 우리 교회는 선교를 최우선으로 두었다. 교회 재정의 15%가 선교를 위해 사용될 정도였다. 솔직히 15%는 적지 않은 비중이다. 갈등이 되지 않을 수 없었다.

'15%? 교회 운영에 필요한 것들을 제외하고 나면 남은 게 15%인데?'

'남은 것을 전부 선교헌금으로 드린다고? 그럼 갑자기 교회에 일이 생길 때는 어떻게 하지?'

그러나 계산을 초월하시는 하나님께서는 우리에게도 계산기를 두드리지 말라고 하셨다. 뒷일에 대한 걱정은 내가 알아서 할 테니, 그 15%를 선교를 위해 바치라 하셨다. 한마디로 꼭 필요한 데 쓰고 남은 것은 모두 선교헌금으로 쓰라고 단정지어 주셨다.

"선교 헌금을 많이 드리고, 교회 자체가 선교에 최우선의 가치를 두는 것은 기본이다. 이제 성도 한 명 한 명이 선교사로서의 삶을 살 수 있게 해라."

곧 앞서 언급한 대로 '나가든지, 보내든지' 중 하나를 택하게 하라는 것이었다. 사실 나가는 선교사가 되든, 보내는 선교사가 되든 둘 중 하나를 택하자는 것은 우리 교회뿐 아니라 다른 교회에서도 자주 외치는 슬로건이다. 문제는 '보내는 방법'에 대한 구체적인 그림이 없다는 사실이다. 선교 헌금을 일정하게 내면 '나는 보내는 선교사로서의 사역을 잘 감당한다'고 생각하는 게 성도들의 일반적인 모습이기도 하다. 사실 먹고살기 위해 현업에 충실해야 할 성도들이 선교 헌금을 내거나 가끔 교회에서 진행되는 선교 행사에 참여하는 것 외에 할 수 있는 것이 무엇이겠는가? 가정을 이룬 상황에서, 직장을 계속 나가야 하는 상황에서 단기선교를 훌쩍 떠나기도 쉽지가 않다. 그러니 많은 성도가 선교 헌금을 잘 내고 가끔 선교지를 위해 기도하는 것이면 충분하다고 생각하곤 했다.

그러나 하나님은 '보내는 선교사'로서의 사명을 보다 구체화시켜 주셨다. 사실 크게 달라질 것은 없었다. 그 사명이 구체화되었다고 해서, 해야 할 일이 더 많아지거나 헌금의 액수가 더 커져야 하는 것은 아니었다. 중요한 것은 마음이었다. 선교 헌금 내고 '땡', 선교지에 대한 기도를 하고 '땡'이 아니라, 매순간 자신이 선교사임을 인정하고 선교지에 대한 마음을 품는 것이 필요했다.

그리고 그 마음이 보다 간절해질 수 있도록 하나님은 지혜를 허락하셨다. 막연하게 '매순간 선교에 대한 열정을 놓쳐서는 안 됩니다'라고 한다고 해서 선교 열정이 일상에서도 지속되는 것은 아니기에….

그 과정에서 하나님이 허락하신 것이 맞춤형 단기선교였다. 그냥 선교 헌금만 내는 것이 아니라, 그 과정에서 성도 한 사람 한 사람이 선교 사역에 철저하게 개입할 수 있게 하신 것이다. 사실 고아원에 물질적 구제를 한다고 할 때, '그냥 물질을 보내고 마는 것'과 '그들이 필요로 하는 것에 늘 관심을 가지면서 그 필요로 채우려는 마음에 물질을 보내는 것'은 차원이 다르다. 보내는 액수에는 변동이 없겠지만, 내 마음 자체가 이미 다르다는 것을 경험해 본 사람이라면 잘 알 것이다.

선교도 마찬가지였다. 맞춤형 단기선교는 선교지마다 필요로 하는 부분이 다 다를 수 있음을 전제로 하고 있다. 그런 필요한 부분을 미리 살펴보고 그에 맞게 각각 준비하는 것이 바로 맞춤형 단기선교다.

이를 위해서는 먼저 현지 선교사를 통해 철저한 사전조사를 해야 한다. 현지에 필요한 사역이 무엇인지, 필요한 물품이 무엇인지를 조사해야 하는 것이다. 이 부분이 조사되면 교회에서는 특별한 헌금봉투를 제작하게 된다. 각 사역별로 필요한 물품목록이 적혀 있는 특별한 단기선교 헌금봉투가 만들어진다.

별거 아닌 것 같지만 이 특별한 봉투 한 장을 통해서라면, 선교지에 대한 더 뜨거운 마음으로 물질적 헌신을 할 수 있다. 막연하게 선교 헌금을 드리는 것이 아니라, 내가 드린 그 물질이 어떻게 쓰이는지 기도하며 드릴 수 있기 때문이다. 무엇보다 헌금을 통해 어떤 선교지에 무엇이 필요한지를 알게 되면 그 선교지의 현상황을 파악할 수 있게 된다. 그러면 자연히 현지 상황에도 관심을 갖게 되고 그 이후로도 적극적으로 기도 및 물질을 통한 후원을 하게 된다. 그야말로 보내는 선교사와 가는 선교사가 함께할 수 있게 하신 하나님의 묘안이 아닐 수 없다.

눈물이 말라가는 시대에…

그날도 어김없이 하나님 앞에 나아가 새벽기도를 하고 있었다. 평소와 다를 바 없는 날이었는데, 왠지 모르게 가슴이 답답해지는 것을 느낄 수 있었다. 새벽마다 나를 찾아오던 기쁨과 평안도 오간 데 없었다. 가정적으로나 교회적으로 문제가 있는 것도 아닌데, 대체 왜 이러는 건지 의아할 뿐이었다.

답답한 상황에서 내가 할 수 있는 것은 기도밖에 없었다. 한참을 하나님께 매달리며 기도하는데, 너무나도 선명한 한 장의 그림이 내 눈앞에 펼쳐졌다.

가물대로 가물어 다 갈라져 버린 논바닥….

풀 한포기 없는 황폐해진 논바닥….

순간, 그 땅은 메말라 버린 내 영혼의 영적 상태를 보여주는 것임을 직감할 수 있었다. 논바닥이 말랐다는 것은 내 눈에 눈물이 말랐다는 뜻이고, 내 눈에 눈물이 말랐다는 것은 내 영성의 샘이 메말랐다는 뜻이었다. 그때 적나라하게 펼쳐진 내 영혼의 모습을 보는데, 이런 기도가 흘러나왔다.

"주님, 제 눈에서 눈물을 회복시켜 주십시오."

"제 눈에서 예수님의 눈물이 회복되게 하여 주십시오."

지금도 예수님은 나를 향하여, 그리고 눈물이 메마른 이 시대의 그리스도인들을 향하여 이렇게 말씀하신다.

비유하건대 아이들이 장터에 앉아 서로 불러 이르되 우리가 너희를 향하여 피

리를 불어도 너희가 춤추지 않고 우리가 곡하여도 너희가 울지 아니하였다 함

과 같도다 (눅 7:32)

당시의 사람들은 피리를 불어도 춤을 추지 않고, 곡을 해도 울지 않았다. 그만큼 메마르고 강퍅한 세대였다. 한편 그들과 달리 예수님은 눈물이 있는 분이셨다. 3년간의 공생애 사역기간 동안 예수님이 눈물 흘리셨다는 기록은 성경에 세 번밖에 나와 있지 않지만, 기록되지 않았을 뿐 예수님은 훨씬 더 많은 눈물을 흘리셨을 것이다.

눈물은 단순한 액체가 아니다. 너무나도 소중한 가치를 담고 있다. 인간이 세상에 태어나면서 가장 먼저 하는 것이 무엇일까? 우는 것이다. 울면서 인간은 태어난다.

울음은 언어가 되기도 한다. 실제로 어린아이들은 자기의 의사를 울음으로 표현한다. 아이의 엄마는 다 같아 보이는 울음이지만 그 울음에 담긴 각기 다른 의미를 즉각적으로 파악한다.

아이들뿐만 아니라, 장성한 어른도 운다. 슬플 때도 울고 기쁠 때도 운다. 감격이 극한 상황에서도 울고 아플 때나 외로울 때도 운다. 그만큼 눈물의 종류도 다양하다.

그런데 요즘 사람들의 눈에서 눈물이 점점 사라지고 있다. 그만큼 인간의 감정이 메말라 가고 있다는 증거가 아닐 수 없다. 어디 세상 사람들만

그러겠는가? 새벽 기도 중에 보았던 내 모습처럼, 하나님의 자녀인 우리의 가슴도 메말라 있을 때가 많다. 눈에 눈물이 고이지 않을 때가 많다.

주님 앞에서 십자가를 바라보며 눈물 흘린 기억이 언제였던가?

주님 앞에서 나의 더러운 죄를 바라보며 참회의 눈물을 흘린 적이 언제였던가?

주님이 베풀어 주신 놀라운 은혜와 사랑 앞에서 기쁨으로 찬양하며 눈물을 흘린 적이 언제였던가?

내면에 있는 죄성을 보며 울어 본 적이 언제였던가?

내 마음에 주님의 마음이 없음을 한탄하며 울어 본 적이 언제였던가?

'지금 내 눈에 눈물이 있는가?' 이것은 내가 은혜 안에 거하고 있는지를 확인하는 잣대다. 내가 주님이 부어주신 은혜에 감격하고 있는지를 확인하는 방법이다.

이제 그 은혜 안에 빠지고 그 은혜를 풍성히 누려야 한다. 그 은혜 안에서 메말라 가던 영혼을 흠뻑 적시고 마음껏 눈물을 흘려야 한다. 그리고 하나님의 눈이 향해있는 그 땅을 향해 내 눈도 돌려야 한다. 그 땅 위에 있는 갈급한 영혼을 바라보며, 더 많이 울어야 한다.

그들을 향해 눈물을 흘리며 애곡하는 것, 이것이 하나님의 마음을 담아 나아가는 선교의 출발점이 아닐까.

내가 달려갈 길과 주 예수께 받은 사명 곧 하나님의 은혜의 복음을 증언하는 일

을 마치려 함에는 나의 생명조차 조금도 귀한 것으로 여기지 아니하노라

(행 20:24)

나눔과 질문 ————————————————

Q1. 나는 보내는 선교사인가? 가는 선교사인가? 아니면 멀티인가?

Q2. 내가 지금 가장 관심을 두고 있는 선교지는 어디인가? 혹 없다면 앞으로 어떻게 해야 할까?

새로운 인생, 기적같이 피어오른 꽃봉오리

피어오름

초판 1쇄 발행   **2019년 11월 1일**

지은이   김종수
발행인   이영훈
편집인   김영석
편집장   박인순
기획·편집   강지은
디자인   김한희

펴낸곳   교회성장연구소
등 록   제 12-177호
주 소   서울특별시 영등포구 여의공원로 101 CCMM빌딩 7층 703B호
전 화   02-2036-7928(편집팀)
팩 스   02-2036-7910
쇼핑몰   www.icgbooks.net
홈페이지   www.pastor21.net
페이스북   www.facebook.com/pastor21

ISBN | 978-89-8304-296-5 03230

"무슨 일을 하든지 마음을 다하여 주께 하듯 하라" (골 3:23)

교회성장연구소는 한국 모든 교회가 건강한 교회성장을 이루어 하나님 나라에 영광을 돌리는 일꾼으로 성장하는 것을 목표로, 목회자의 사역은 물론 성도들의 영적 성장을 도울 수 있는 필독서들을 출간하고 있다. 주를 섬기는 사명감을 바탕으로 모든 사역의 시작과 끝을 기도로 임하며 사람 중심이 아닌 하나님 중심으로 경영한다. "무슨 일을 하든지 마음을 다하여 주께 하듯 하라"는 말씀을 늘 마음에 새겨 하나님께서 주신 사명을 기쁨으로 감당한다.